一人《ひとり》から始《はじ》まる
今日一日《きょういちにち》から始《はじ》まる

〔衆生無辺誓願度《しゅじょうむへんせいがんど》・意訳《いやく》〕

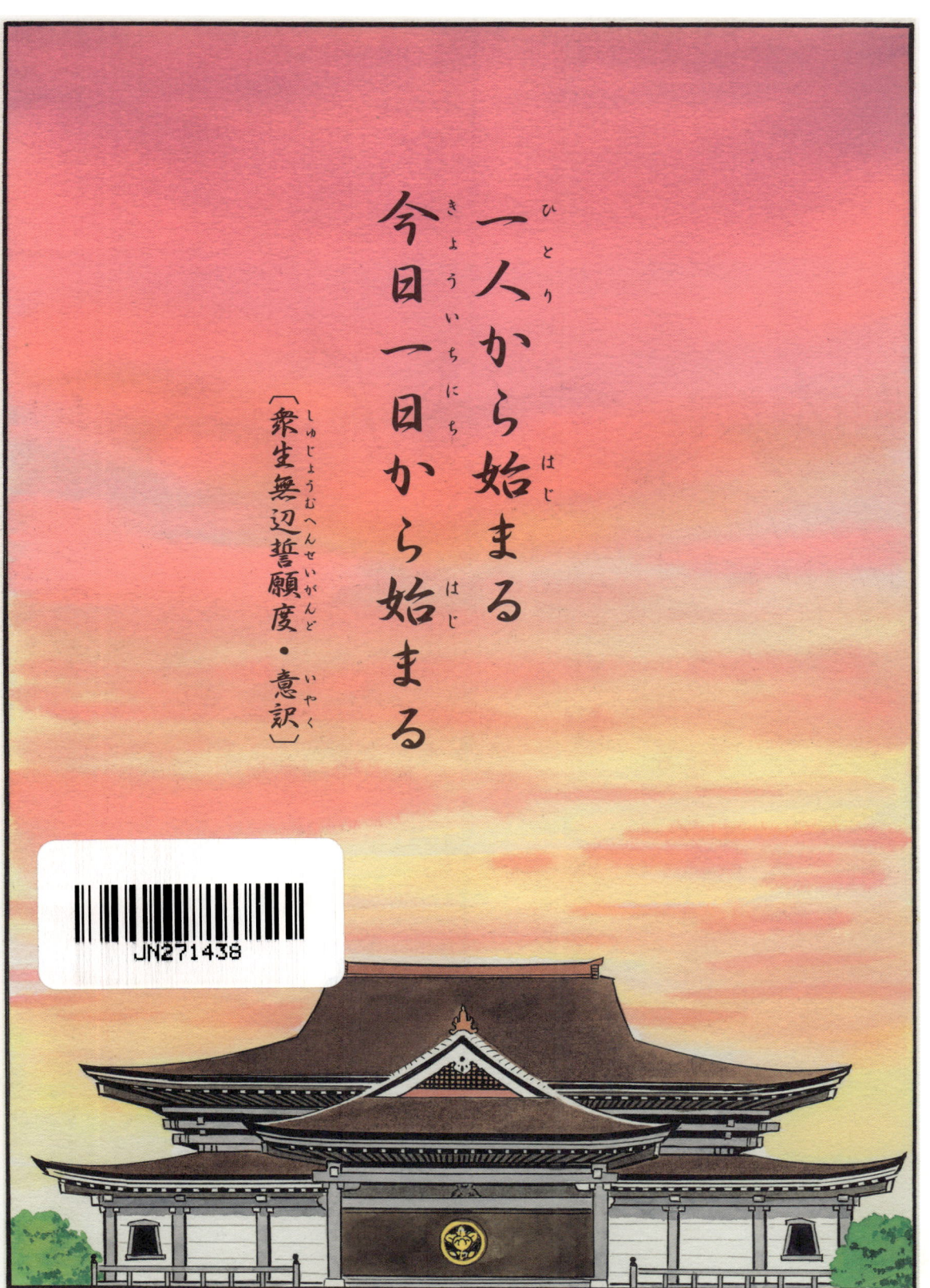

地震《じしん》

風水害《ふうすいがい》

疫病《えきびょう》
そして貧困《ひんこん》…

人々《ひとびと》が正《ただ》しい信仰《しんこう》を持《も》たないために
世《よ》の中《なか》が乱《みだ》れ、天変地異《てんぺんちい》が相次《あいつ》いで起《お》こるのだ、と
貧《ひん》・病《びょう》・争《そう》に苦《くる》しむ人々《ひとびと》に
法華経《ほけきょう》の菩薩道《ぼさつどう》〔慈悲《じひ》・至誠《まこと》・堪忍《かんにん》〕の実行《じっこう》を説《と》き
人々《ひとびと》を幸《しあわ》せに導《みちび》くことに生涯《しょうがい》を
かけた人々《ひとびと》の集団《しゅうだん》がありました

第《だい》一《いっ》章《しょう》　出《で》会《あ》い

大正六年十月一日《たいしょうろくねんじゅうがつついたち》
東京市《とうきょうし》
ビョオオオ
ガラガラガラー!
新聞
大正六年
暴風雨
東京市を直撃
電線切断全市暗黒
死者、行方不明者三百人
名古屋《なごや》
佛教感化救濟會
会長《かいちょう》!
東海道線《とうかいどうせん》が
やっと復旧《ふっきゅう》
しました
ドドドドド!!

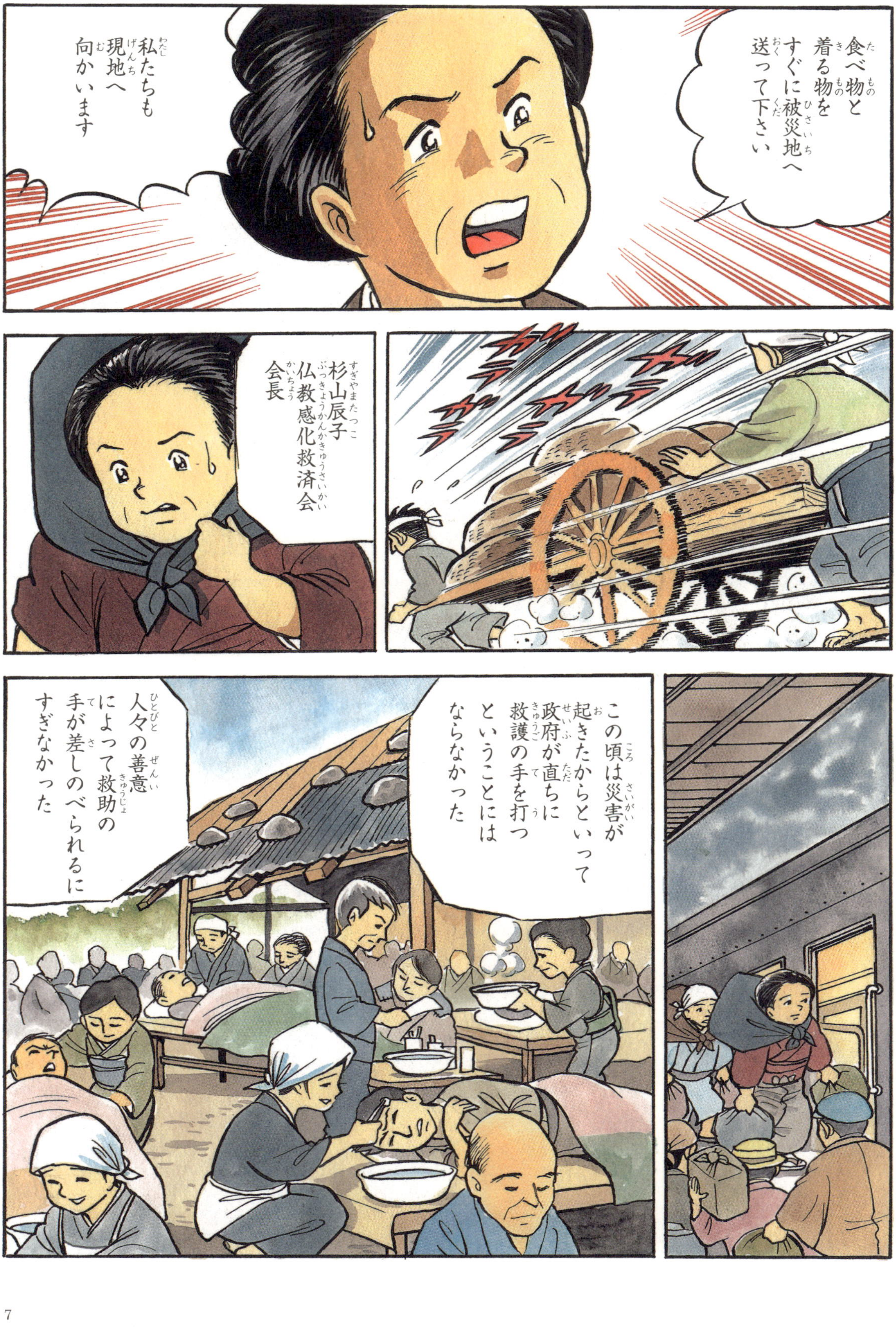
食《た》べ物《もの》と着《き》る物《もの》をすぐに被災地《ひさいち》へ送《おく》って下《くだ》さい
私《わたし》たちも現地《げんち》へ向《む》かいます
ガラガラ
ガラガラ
杉山辰子《すぎやまたつこ》
仏教感化救済会《ぶっきょうかんかきゅうさいかい》会長《かいちょう》
この頃《ころ》は災害《さいがい》が起《お》きたからといって政府《せいふ》が直《ただ》ちに救護《きゅうご》の手《て》を打《う》つということにはならなかった
人々《ひとびと》の善意《ぜんい》によって救助《きゅうじょ》の手《て》が差《さ》しのべられるにすぎなかった

おじょうちゃん もう心配《しんぱい》 ないわよ
お父《とう》さん お母《かあ》さんを 助《たす》けてあげて 下《くだ》さいね
おばちゃん ありがとう

みなさん 疲《つか》れたでしょう 炊《た》き出《だ》しの残《のこ》り ですが、召《め》し 上《あ》がって下《くだ》さい
被災者《ひさいしゃ》の方々《かたがた》に 少《すこ》しでも喜《よろこ》んで いただけたら 疲《つか》れなんてふっとびます
そうですね 世《よ》の中《なか》には まだまだ貧《まず》しくて 生活《せいかつ》に困《こま》っている人《ひと》や 病気《びょうき》で苦《くる》しんでいる 人《ひと》が大勢《おおぜい》います そんな人々《ひとびと》を力《ちから》づけて あげなければ…
シュッ
シュッ
シュッ
ゴトン…
カタン…
ゴトン…
カタン…
おばちゃん ありがとう
たっちゃん………
たっちゃん

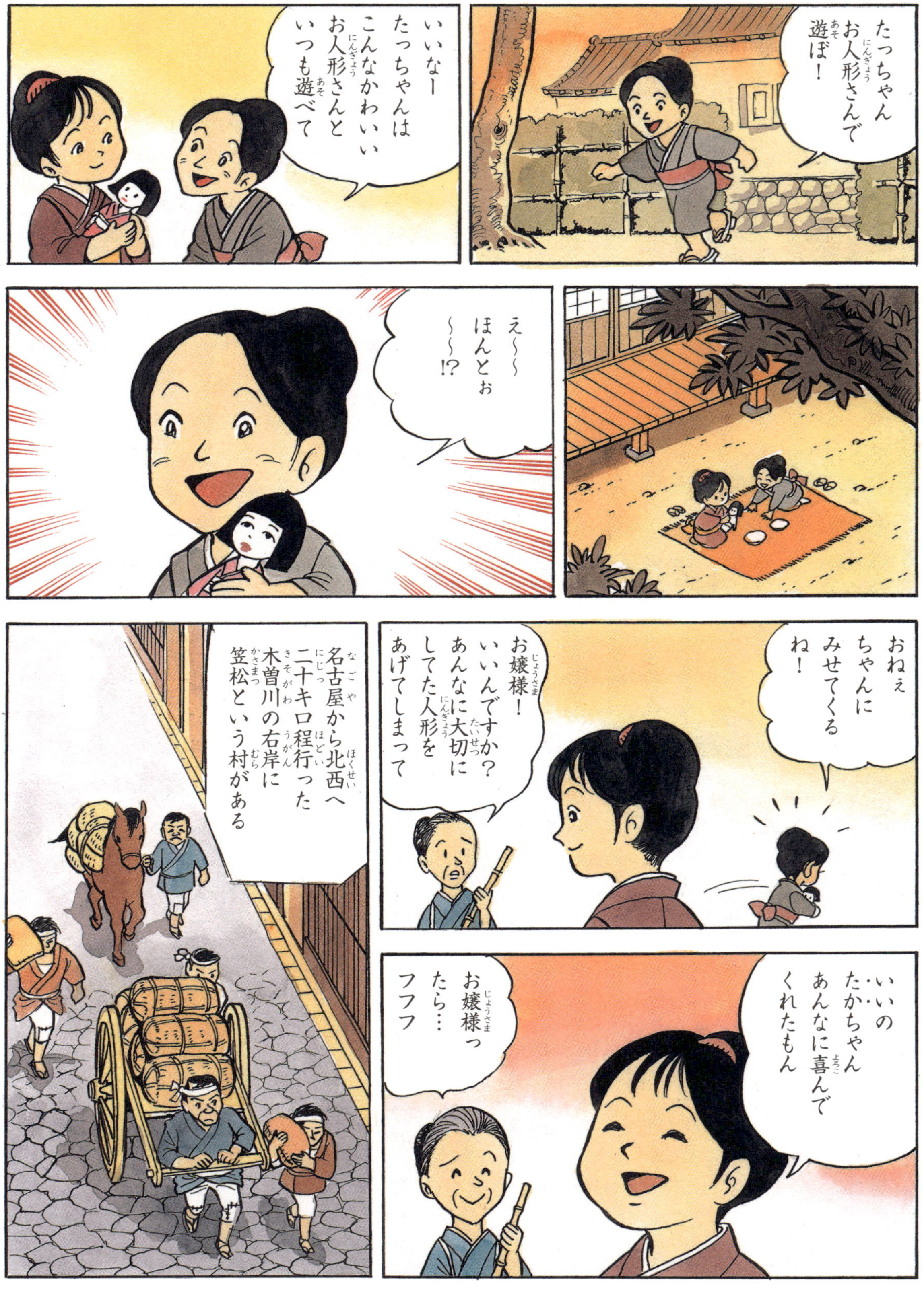

たっちゃん お人形《にんぎょう》さんで 遊《あそ》ぼ!
いいなー たっちゃんは こんなかわいい お人形《にんぎょう》さんと いつも遊《あそ》べて
え〜〜 ほんとぉ〜〜!?
おねぇちゃんに みせてくる ね!
お嬢様《じょうさま》! いいんですか? あんなに大切《たいせつ》に してた人形《にんぎょう》を あげてしまって
いいの …… たかちゃん あんなに喜《よろこ》んで くれたもん
お嬢様《じょうさま》っ たら… フフフ
名古屋《なごや》から北西《ほくせい》へ 二十《にじっ》キロ程《ほど》行った 木曽川《きそがわ》の右岸《うがん》に 笠松《かさまつ》という村《むら》がある

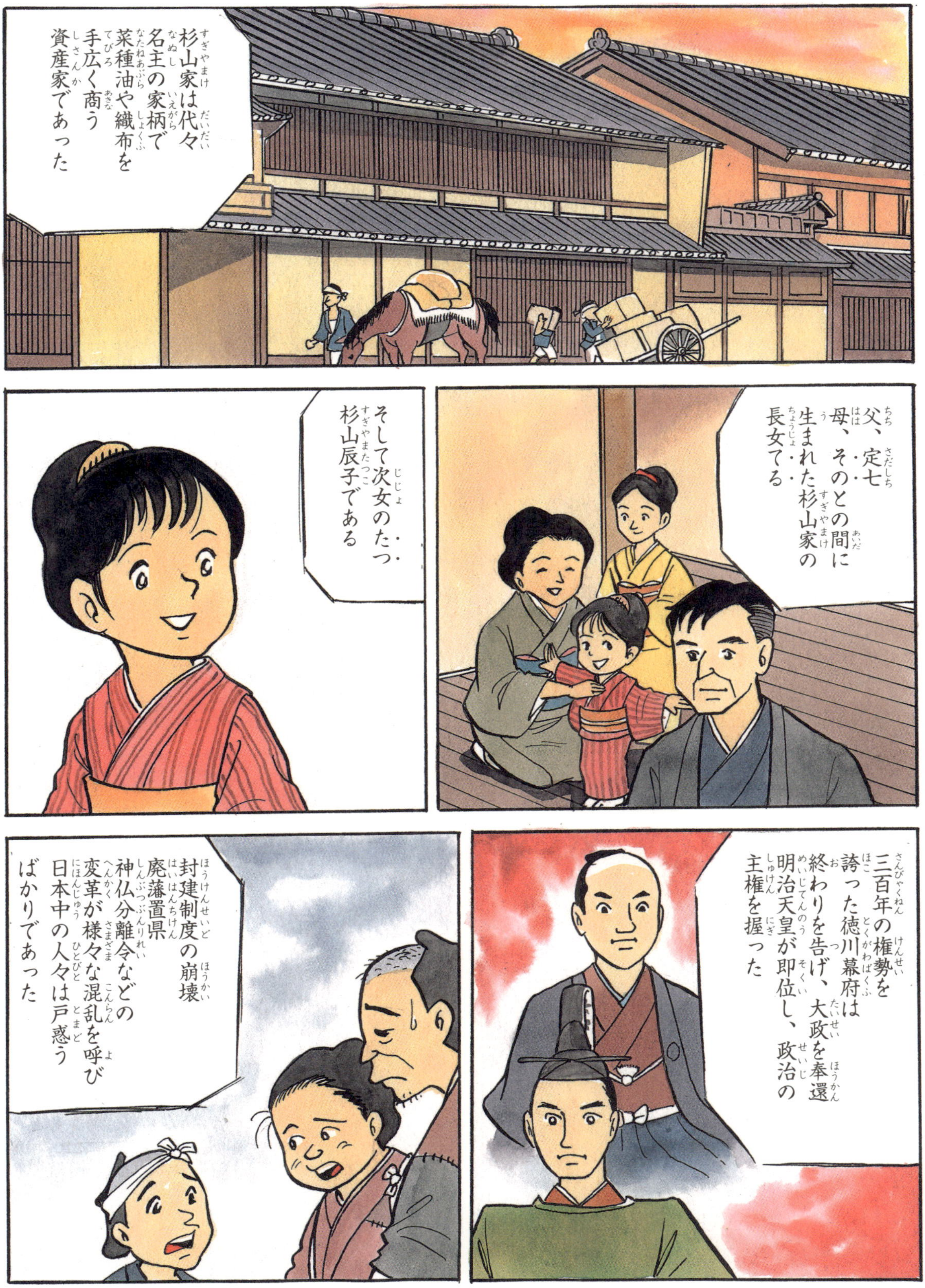

杉山家《すぎやまけ》は代々《だいだい》
名主《なぬし》の家柄《いえがら》で
菜種油《なたねあぶら》や織布《しょくふ》を
手広《てびろ》く商《あきな》う
資産家《しさんか》であった
父《ちち》、定七《さだしち》・・・
母《はは》、そのとの間《あいだ》に
生《う》まれた杉山家《すぎやまけ》の
長女《ちょうじょ》てる・・・
そして次女《じじょ》のたつ・・・
杉山辰子《すぎやまたつこ》である
三百年《さんびゃくねん》の権勢《けんせい》を
誇《ほこ》った徳川幕府《とくがわばくふ》は
終《お》わりを告《つ》げ、大政《たいせい》を奉還《ほうかん》
明治天皇《めいじてんのう》が即位《そくい》し、政治《せいじ》の
主権《しゅけん》を握《にぎ》った
封建制度《ほうけんせいど》の崩壊《ほうかい》
廃藩置県《はいはんちけん》
神仏分離令《しんぶつぶんりれい》などの
変革《へんかく》が様々《さまざま》な混乱《こんらん》を呼《よ》び
日本中《にほんじゅう》の人々《ひとびと》は戸惑《とまど》う
ばかりであった

加《くわ》えて鎖国《さこく》を解《と》かれた
島国《しまぐに》、日本《にっぽん》に「西洋文明《せいようぶんめい》」という
大怪物《だいかいぶつ》が上陸《じょうりく》してきた
西洋文明《せいようぶんめい》は国《くに》を
大《おお》いに発展《はってん》させたが
一方《いっぽう》でひずみも
生《う》まれた
杉山家《すぎやまけ》も例外《れいがい》ではなく
明治十年頃《めいじじゅうねんごろ》から
変化《へんか》が見《み》えはじめた
西洋文明《せいようぶんめい》は灯火用《とうかよう》の
菜種油《なたねあぶら》以外《いがい》のエネルギーを
そして機械化《きかいか》された工場《こうじょう》で
大量生産《たいりょうせいさん》する織物技術《おりものぎじゅつ》を
持《も》ち込《こ》んだ
西洋文明《せいようぶんめい》は杉山家《すぎやまけ》の経済力《けいざいりょく》を
断《た》ち切《き》ってしまった
最近船《さいきんふね》の出入《でい》りも
すっかり減《へ》ったなア
こんなひま
やったら
おれら
ひあがってまうわ

お母《かあ》さんが泣《な》いている…
お父《とう》さんもあんなむずかしい顔《かお》をして…いったいどうしたんだろう
おい、見《み》ろよ先祖伝来《せんぞでんらい》の骨董《こっとう》を手放《てばな》すようだぞ杉山《すぎやま》ももうおしまいだな
貧乏人《びんぼうにん》のかせぎをピンハネしてきた報《むく》いや!
えげつないことしてためた金《かね》じゃ恨《うら》みもこもるわ
屋敷《やしき》もそのうち売《う》りに出《で》るやろ
おい

お母《かあ》さんは
「何《なに》も心配《しんぱい》しなくていい」って
言《い》うけど、以前《いぜん》のように
家族《かぞく》が仲《なか》よく笑《わら》い声《ごえ》の
響《ひび》く明《あか》るい家庭《かてい》に
もどってほしい
私《わたし》にも何《なに》かできる
ことはないかしら…
おたつさん
もし
困《こま》ったことが
あったら大垣《おおがき》の
「鈴木《すずき》キセ」
という方《かた》を
お尋《たず》ね
なさい
そうだ！
「鈴木《すずき》キセ」さんに
会《あ》いに行《い》って
みよう
十六歳《じゅうろくさい》のたつは
笠松《かさまつ》から大垣《おおがき》への
十《じっ》キロの道《みち》のりを
徒歩《とほ》で向《む》かった

ここだ…
かわいいお嬢《じょう》さんが私《わたし》に何《なん》の用《よう》かしら？
たつは自分《じぶん》の家《いえ》が傾《かたむ》きかけていること そして両親《りょうしん》や自分《じぶん》の苦悩《くのう》を打《う》ちあけた
昔《むかし》のように楽《たの》しく暮《く》らしたいのです
あなたのような若《わか》い方《かた》が一生懸命《いっしょうけんめい》お家《うち》のことを気《き》にかけて…偉《えら》いわね
この世《よ》は「諸行無常《しょぎょうむじょう》」と言《い》って、どんな物事《ものごと》でも同《おな》じままでいることはできないのです 人間《にんげん》だって生《う》まれた赤《あか》ちゃんが大《おお》きくなりやがて老人《ろうじん》になって死《し》んでいくでしょう
お金《かね》も同《おな》じこと、入《はい》るばかりではありません どんどん出《で》ていきますよ

ただし、正《ただ》しい人《ひと》に正《ただ》しく遣《つか》われるならば、お金《かね》も長《なが》くとどまることができるでしょう
あなたの家《いえ》のお金《かね》はどうですか？正《ただ》しく遣《つか》われてきたでしょうか
……
人間《にんげん》は何《なん》のために生《う》まれてきたのでしょう。食《た》べて寝《ね》てやりたいことだけやって暮《く》らしているのなら動物《どうぶつ》とかわらない
人間《にんげん》として生《う》まれた甲斐《かい》がないじゃありませんか
人間《にんげん》として生《う》まれたからには、世《よ》のため人《ひと》のために働《はたら》いて徳《とく》を積《つ》むことが大切《たいせつ》なのですよ
徳《とく》を積《つ》むために遣《つか》われるお金《かね》なら価値《かち》あるお金《かね》と言《い》えましょう
あなたのお家《うち》のお金《かね》が惜《お》しい欲《ほ》しいでためたお金《かね》であれば遅《おそ》かれ早《はや》かれいずれは無《な》くなっていくものです

そうか…結局《けっきょく》私《わたし》の家《いえ》は財産《ざいさん》を失《うしな》う運命《うんめい》にあったのか…
すべてあきらめるしかないのか…
たつさん！あなたが今《いま》から菩提心《ぼだいしん》を起《お》こして修行《しゅぎょう》するなら財産《ざいさん》も成仏《じょうぶつ》しお家《うち》を立《た》てなおすこともできると思《おも》いますよ
修行《しゅぎょう》？……
どんなことをすればいいのですか
南無妙法蓮華経《なむみょうほうれんげきょう》とお題目《だいもく》をお唱《とな》えするのです。一日《いちにち》に何度《なんど》も何度《なんど》もあなたの願《ねが》いが天《てん》に届《とど》くまで心《こころ》をこめてね
そして人《ひと》を喜《よろこ》ばせること
あなたのまわりにいる人《ひと》たちの喜《よろこ》ぶことをしておあげなさい

それからたつは週《しゅう》に一《いち》、二度《にど》鈴木《すずき》キセのもとに通《かよ》った
キセのうしろで法華経《ほけきょう》を読《よ》むことも覚《おぼ》え
困《こま》っている人《ひと》に食《た》べ物《もの》を分《わ》け与《あた》えたり
宿《やど》を借《か》りる人《ひと》のふとんを運《はこ》んだりするキセの手伝《てつだ》いもした
キセの目《め》はキラキラ輝《かがや》き喜《よろこ》びに満《み》ちあふれていた
また、キセは物事《ものごと》を予見《よけん》することもできたので
地元《じもと》の有力者《ゆうりょくしゃ》からいろいろな相談《そうだん》を受《う》けていた

たつがキセのもとへ訪《おとず》れるようになって三年《さんねん》…
先生《せんせい》は物事《ものごと》を予見《よけん》される不思議《ふしぎ》な力《ちから》がありますね
神通力《じんつうりき》のことかしら？
私《わたし》もその神通力《じんつうりき》があればいいなぁって思《おも》ってます
どうしてですか？
だって前《まえ》もって予知《よち》することができれば、災難《さいなん》から身《み》を守《まも》ることができるし私《わたし》の家《いえ》だって傾《かたむ》くのを防《ふせ》げたかもしれないじゃないですか
他《ほか》の人《ひと》にもその予見《よけん》を教《おし》えてあげることができれば幸《しあわ》せになることができるでしょ？
私《わたし》も神通力《じんつうりき》を身《み》につけたいのです
それは修行《しゅぎょう》で体得《たいとく》できますか？
どんな人《ひと》でも大《だい》なり小《しょう》なり神通力《じんつうりき》は持《も》っているんですよ たつさん！ あなただってそうですよ
ただ仏様《ほとけさま》の教《おし》えを知《し》らない人《ひと》たちは、煩悩《ぼんのう》という垢《あか》で汚《よご》れているのでその力《ちから》が働《はたら》かないのです お題目《だいもく》を唱《とな》え、煩悩《ぼんのう》をなくしていけば心《こころ》は清《きよ》らかになり、神通力《じんつうりき》を発揮《はっき》することができるようになるのです
本当《ほんとう》ですか!?

どうか心《こころ》が清《きよ》らかになりますよう…
一日《いちにち》も早《はや》く神通力《じんつうりき》が得《え》られますように…
南《な》無《む》妙《みょう》法《ほう》蓮《れん》華《げ》経《きょう》南《な》無《む》妙《みょう》法《ほう》蓮《れん》華《げ》経《きょう》南《な》無《む》妙《みょう》法《ほう》蓮《れん》華《げ》経《きょう》南《な》無《む》妙《みょう》法《ほう》蓮《れん》華《げ》経《きょう》…
南《な》無《む》妙《みょう》法《ほう》蓮《れん》華《げ》経《きょう》南《な》無《む》妙《みょう》法《ほう》蓮《れん》華《げ》経《きょう》南《な》無《む》妙《みょう》法《ほう》蓮《れん》華《げ》経《きょう》…
南《な》無《む》妙《みょう》法《ほう》蓮《れん》華《げ》経《きょう》南《な》無《む》妙《みょう》法《ほう》蓮《れん》華《げ》経《きょう》…
南《な》無《む》妙《みょう》法《ほう》蓮《れん》華《げ》経《きょう》南《な》無《む》妙《みょう》法《ほう》蓮《れん》華《げ》経《きょう》南《な》無《む》妙《みょう》…
かわいそうにまだ若《わか》いのに…
おかしくなってしまって…どこの娘《むすめ》かしら

南《な》無《む》妙《みょう》法《ほう》蓮《れん》華《げ》経《きょう》南《な》無《む》妙《みょう》法《ほう》蓮《れん》華《げ》経《きょう》南《な》無《む》妙《みょう》…
南《な》無《む》妙《みょう》法《ほう》蓮《れん》華《げ》経《きょう》南《な》無《む》妙《みょう》法《ほう》蓮《れん》華《げ》経《きょう》南《な》無《む》妙《みょう》法《ほう》蓮《れん》華《げ》…
!!

ひっ！
たつさん
短《みじか》い時間《じかん》で
よくそこまで
修行《しゅぎょう》でき
ましたね
で、でも
どうして
お位牌《いはい》が
動物《どうぶつ》に見《み》え
たのですか
ハァ
ハァ
人間《にんげん》に生《せい》を受《う》けた
けれども、地獄《じごく》・餓鬼《がき》・
畜生《ちくしょう》の三悪道《さんあくどう》で
苦《くる》しんでいる人《ひと》が
ほとんどなのです
法華経《ほけきょう》に出合《であ》う
ことのできなかった人《ひと》は
あなたが見《み》たような
動物《どうぶつ》となって苦《くる》しみ
続《つづ》けなければなら
ないのです
人間《にんげん》として
生《う》まれたからには
人間《にんげん》として
生《い》き通《とお》したい
信仰《しんこう》のないことが
いかに哀《あわ》れで
恐《おそ》ろしいことか…
一人《ひとり》でも
多《おお》くの人《ひと》に
法華経《ほけきょう》を
知《し》ってもらいたい

そして
苦《くる》しむ人々《ひとびと》を
救《すく》ってあげたい…
今《いま》より強《つよ》い
神通力《じんつうりき》を
身《み》につければ
何《なに》かわかるかも
しれない…
そうだ！
断食《だんじき》だ
心《こころ》と体《からだ》を澄《す》み
渡《わた》らせれば
より強《つよ》い力《ちから》を
身《み》につけられる
はずだ
南無妙法蓮華経《なむみょうほうれんげきょう》
南無妙法蓮華経《なむみょうほうれんげきょう》
南無妙法蓮華経《なむみょうほうれんげきょう》
南無妙法《なむみょうほう》…
なんておだやかな
気持《きも》ちなんだろう
今《いま》まで気《き》がつかなかった
ものが見《み》えてくる…
たつは
もう一週間《いっしゅうかん》も
水《みず》を飲《の》むだけで
何《なに》も食《た》べて
ないのよ
早《はや》くやめさせて
下《くだ》さい！
死《し》んでしまい
ます
バカは
ほっとけ！
南無妙法蓮華経南《なむみょうほうれんげきょうな》
無妙法蓮華経南無《むみょうほうれんげきょうなむ》
妙法蓮華経南無妙《みょうほうれんげきょうなむみょう》
法蓮華経南《ほうれんげきょうな》…
南無妙法蓮華経南《なむみょうほうれんげきょうな》
無妙法蓮華経南無妙《むみょうほうれんげきょうなむみょう》
法蓮華経南無《ほうれんげきょうなむ》…

やはり信仰《しんこう》こそ私《わたし》の進《すす》むべき道《みち》だ
私《わたし》は自分《じぶん》の一生《いっしょう》をかけて人《ひと》を救《すく》っていきたい
そのためには今《いま》の私《わたし》ではあまりにも力《ちから》が足《た》りない
精神《せいしん》が鍛《きた》えぬかれた時《とき》人《ひと》を救《すく》う方法《ほうほう》も会得《えとく》できるはずだ
日蓮宗本立寺
どうか修行《しゅぎょう》の許可《きょか》をいただきたいのです
初日《しょにち》、二日《ふつか》、三日《みっか》と食事《しょくじ》をへらし四日目《よっかめ》からは水《みず》のみ！
法華経《ほけきょう》の読誦《どくじゅ》と唱題《しょうだい》をくり返《かえ》し続《つづ》けた
そして二週間《にしゅうかん》が経過《けいか》
ようがんばったそなたの修行《しゅぎょう》は立派《りっぱ》なものだ
思《おも》いのほか体調《たいちょう》がいいのですもう少《すこ》し続《つづ》けさせて下《くだ》さい

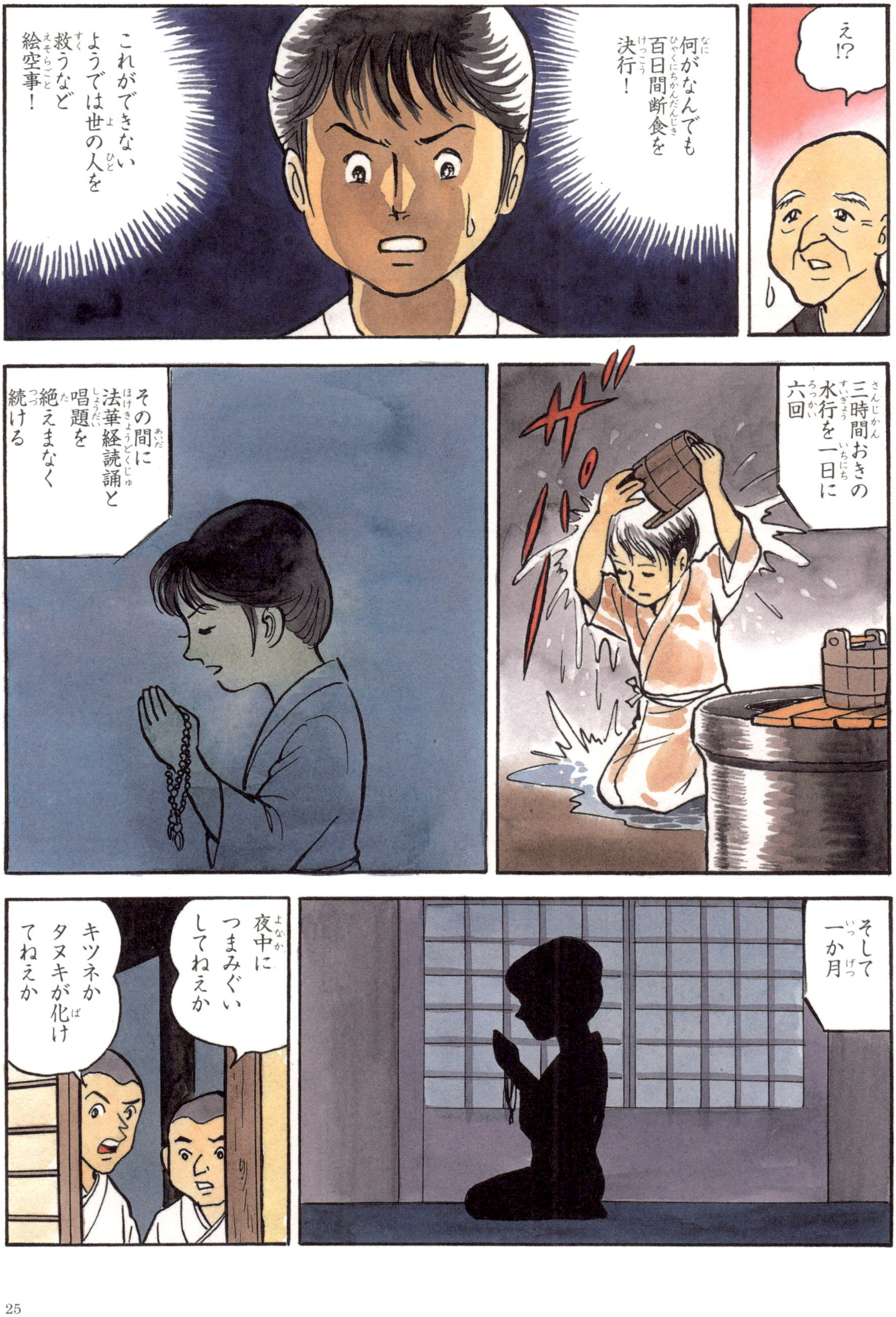

え!?
何《なに》がなんでも百日間断食《ひゃくにちかんだんじき》を決行《けっこう》！
これができないようでは世《よ》の人《ひと》を救《すく》うなど絵空事《えそらごと》！
三時間《さんじかん》おきの水行《すいぎょう》を一日《いちにち》に六回《ろっかい》
ザパ
その間《あいだ》に法華経読誦《ほけきょうどくじゅ》と唱題《しょうだい》を絶《た》えまなく続《つづ》ける
そして一か月《いっかげつ》
夜中《よなか》につまみぐいしてねえか
キツネかタヌキが化《ば》けてねえか

そなたは立派《りっぱ》じゃ
もうやめては
いかがかな…
辛《つら》かろう
はい　辛《つら》くない
わけありません
しかし百日間断食《ひゃくにちかんだんじき》は
自分《じぶん》に課《か》した試練《しれん》です
ひ、百日間《ひゃくにちかん》
……!?
これから私《わたし》が
一生《いっしょう》をかけて
人々《ひとびと》を救《すく》うことに
くらべたら
小《ち》さなことです
そしてついに
なしとげることが
できた

諸仏善神《しょぶつぜんじん》がお姿《すがた》をおみせくださった…
私《わたし》の祈《いの》りは天《てん》に通《つう》じた
そして私《わたし》の考《かんが》えは間違《まちが》ってなかった…

百日《ひゃくにち》の断食行《だんじきぎょう》から数《すう》か月《げつ》…
南《な》無《む》妙法蓮華《みょうほうれんげ》経《きょう》南《な》無《む》妙法蓮華《みょうほうれんげ》経《きょう》南《な》無《む》妙法蓮華《みょうほうれんげ》経《きょう》南《な》無《む》妙《みょう》法蓮華《ほうれんげ》経《きょう》南《な》…
我《われ》は法華経《ほけきょう》擁護《おうご》の善神《ぜんしん》なり
汝《なんじ》を守護《しゅご》し今《いま》より四《よん》か月後《げつご》に利益《りやく》を示《しめ》さん

第《だい》二《に》章《しょう》　修《しゅ》行《ぎょう》

こうして法華経《ほけきょう》への信念《しんねん》をさらに固《かた》くしたたつは、本立寺《ほんりゅうじ》を辞《じ》し笠松《かさまつ》に帰《かえ》った
もどってこないはずのお金《かね》がこんなに…
きっとたつがご利益《りやく》をもってきたのよ
やはりあの天《てん》の声《こえ》は本当《ほんとう》だったんだ
しかし数《すう》か月後《げつご》父《ちち》は他界《たかい》した
笠松《かさまつ》の家《いえ》は姉《あね》てる夫婦《ふうふ》にまかせ、母《はは》とともに阿久比村《あぐいむら》(臥竜山《がりゅうざん》)へ移《うつ》り住《す》むそこは新《あたら》しい修行《しゅぎょう》の地《ち》となった
野良仕事《のらしごと》に加《くわ》えて水行《すいぎょう》、断食行《だんじきぎょう》も怠《おこた》らなかった
何《なに》しとるんやろ?気《き》がふれとらんかね
おなかすいたよぉ～～
この人《ひと》たちをどうにかして救《すく》ってあげなくては…

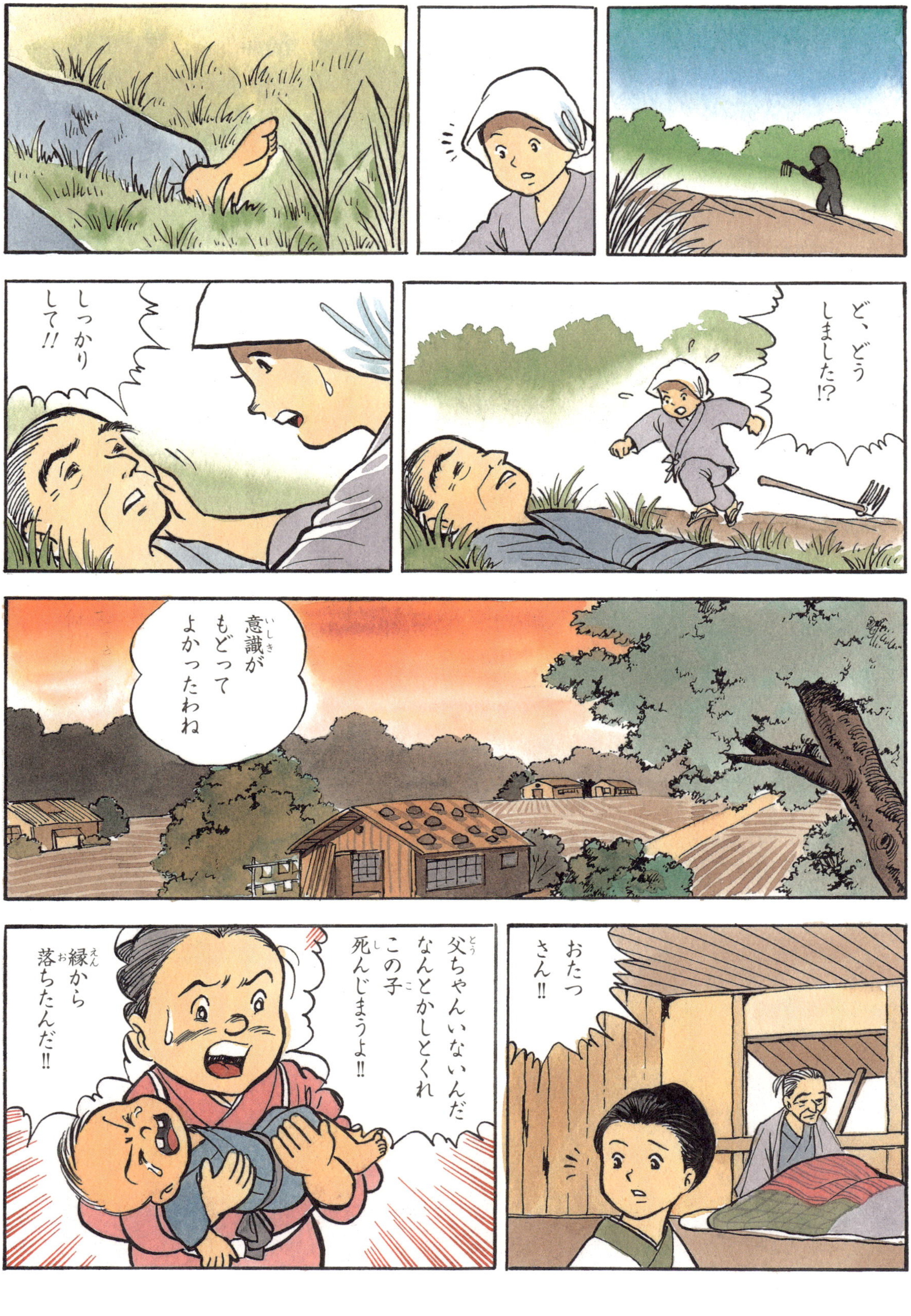
ど、どうしました!?
しっかりして!!
意識《いしき》がもどってよかったわね
おたつさん!!
父《とう》ちゃんいないんだなんとかしとくれこの子《こ》死《し》んじまうよ!!
縁《えん》から落《お》ちたんだ!!

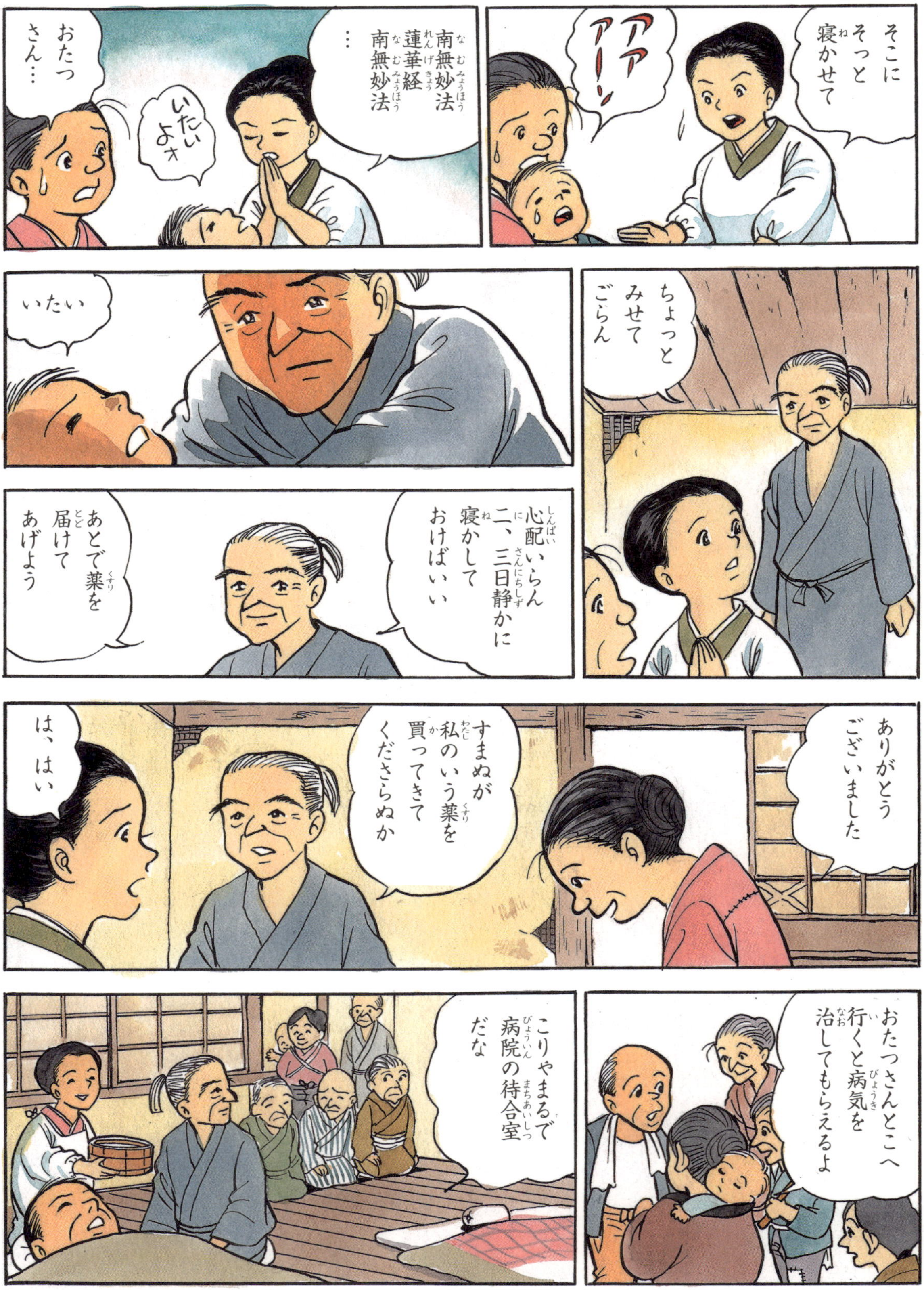

そこにそっと寝《ね》かせて
アアアー!!
南無妙法《なむみょうほう》蓮華経《れんげきょう》南無妙法《なむみょうほう》…
いたいよォ
おたつさん…
ちょっとみせてごらん
いたい
心配《しんぱい》いらん 二《に》、三日《さんにち》静《しず》かに寝《ね》かしておけばいい
あとで薬《くすり》を届《とど》けてあげよう
ありがとうございました
すまぬが私《わたし》のいう薬《くすり》を買《か》ってきてくださらぬか
は、はい
おたつさんとこへ行《い》くと病気《びょうき》を治《なお》してもらえるよ
こりゃまるで病院《びょういん》の待合室《まちあいしつ》だな

無愛想《ぶあいそう》なこの老人《ろうじん》
多《おお》くを語《かた》らないが
牧静衛《まきしずえ》といい
西洋医学《せいよういがく》を学《まな》び
オランダに留学《りゅうがく》した
経験《けいけん》もあるらしい
ゴホ
ゴホ
たつにとって
牧医師《まきいし》との
出会《であ》いは将来《しょうらい》を
暗示《あんじ》していた
のかもしれない
「困《こま》っている人《ひと》をどう救《すく》って
いこうか」模索《もさく》している
たつは、目《め》の前《まえ》で
「医者《いしゃ》の所《ところ》へは人々《ひとびと》の方《ほう》から
助《たす》けを求《もと》めにやってくる」
という実態《じったい》を見《み》せつけ
られたのだ
私《わたし》と一緒《いっしょ》に
医療《いりょう》と法華経《ほけきょう》で
困《こま》っている人《ひと》を救《すく》って
いきませんか？
わしは宗教《しゅうきょう》は
きらいだ！
医学《いがく》と宗教《しゅうきょう》が
両立《りょうりつ》するとは
思《おも》わぬ！
しかし牧医師《まきいし》の
指導《しどう》のもと、たつは
鍼灸術《しんきゅうじゅつ》の営業免許《えいぎょうめんきょ》を
取得《しゅとく》し、薬種商《やくしゅしょう》も
営《いとな》めるようになった

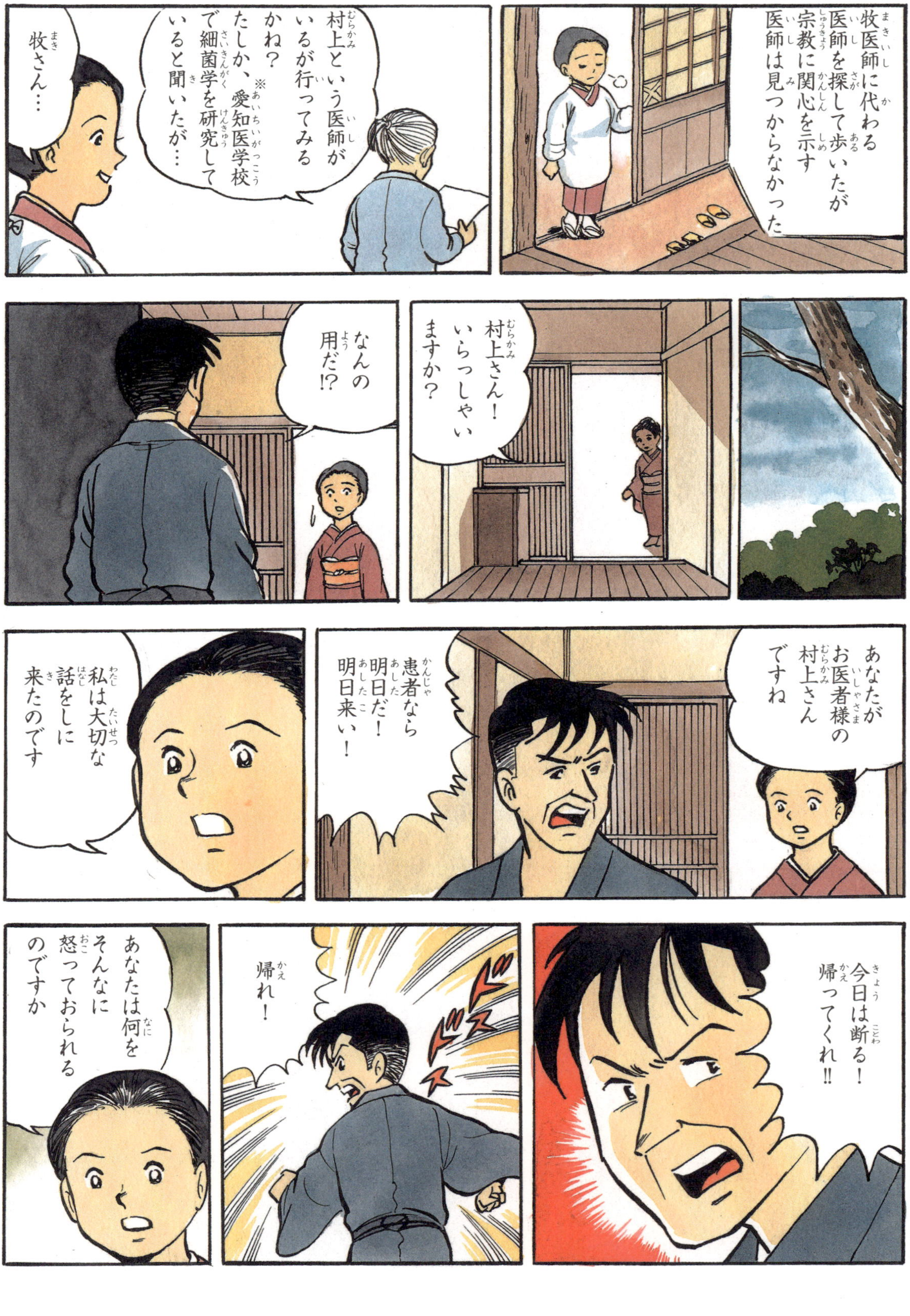

※編集部注：愛知医学校＝愛知県立医学専門学校。現・名古屋大学医学部の前身

うるさい！帰《かえ》れ！
奥《おく》さんが家《いえ》を出《で》ていかれたので怒《おこ》っているのですか？
な、なに!?
ちくしょう！よくもこの私《わたし》に恥《はじ》をかかせてくれたもんだ!!
許《ゆる》せん!!
これほどの恥《は》ずかしめを味《あじ》わうくらいなら死《し》んだほうがましだ
あなたを置《お》いて出《で》ていった奥《おく》さんは八百年《はっぴゃくねん》、地獄《じごく》の刑《けい》を受《う》けるでしょう
フン！それでも足《た》らんわ！
そしてあなたは三千年《さんぜんねん》の悪報《あくほう》を受《う》けなくてはなりません
バカにするな
ひどい目《め》にあってるのはこの私《わたし》だ！そんなことあってたまるか！
村上《むらかみ》さん…こんな話《はなし》知《し》ってますか？

昔《むかし》、インドに
ビンバシャラ王《おう》と
いう王様《おうさま》が
いました
国《くに》は栄《さか》えて
いても、王位《おうい》を
ゆずる王子《おうじ》が
いないことが
悩《なや》みでした
山奥《やまおく》に住《す》む一人《ひとり》の
聖者《せいじゃ》が十年後《じゅうねんご》に
死《し》ぬと、後《のち》に
王子《おうじ》となって
生《う》まれてくるゾヨ
十年《じゅうねん》も
待《ま》てん！
今《いま》すぐ殺《ころ》せ！
そして
聖者《せいじゃ》は殺《ころ》され
王妃《おうひ》は
懐妊《かいにん》した
が…
王妃《おうひ》に
宿《やど》っている
子《こ》は、やがて
王様《おうさま》を
殺《ころ》すゾヨ
なにィ！
生《う》まれたら
すぐにその子《こ》を
殺《ころ》せ!!
王妃《おうひ》の必死《ひっし》の
説得《せっとく》で王子《おうじ》の
殺害《さつがい》を思《おも》い
留《とど》まらせました
あなた！
待《ま》って
下《くだ》さい！
生《う》まれた子《こ》はやがて
アジャセ太子《たいし》と
なりましたが、後《のち》に
出産時《しゅっさんじ》の恐《おそ》ろしい話《はなし》を
ダイバダッタから聞《き》かされ
激怒《げきど》して王様《おうさま》を牢《ろう》に
閉《と》じこめ餓死《がし》させた
のです
村上《むらかみ》さん
これが
因縁因果《いんねんいんが》の
恐《おそ》ろしさです

あなたはひどい仕打《しう》ちを受《う》けたと相手《あいて》を恨《うら》んでおられますが大間違《おおまちが》いです
すべてはあなたの悪因《あくいん》の結果《けっか》です
悩《なや》み、苦《くる》しみに出遭《であ》った時《とき》自分《じぶん》の悪因《あくいん》を知《し》ってそれを消滅《しょうめつ》し、さらに相手《あいて》の悪因《あくいん》を消滅《しょうめつ》してやろうと思《おも》ってこそ人《ひと》の情《じょう》ではありませんか
私《わたし》は世《よ》の中《なか》の多《おお》くの人々《ひとびと》の苦《くる》しみを取《と》りのぞいてあげたいのです
村上《むらかみ》さんあなたの力《ちから》を貸《か》して下《くだ》さい！
えっ？
私《わたし》でお役《やく》に立《た》つことがあれば…なんなりと…

な、なんなんだこの女性《じょせい》は？いきなりドカドカのりこんできたかと思《おも》うと「お前《まえ》の悪因《あくいん》だ」？
最後《さいご》には土下座《どげざ》して「力《ちから》を貸《か》してくれ」って？
不思議《ふしぎ》なことに腹《はら》が立《た》たない一言一言《ひとことひとこと》に説得力《せっとくりょく》があり心《こころ》に響《ひび》く
私《わたし》がいる臥竜山《がりゅうざん》で一緒《いっしょ》に修行《しゅぎょう》しませんか？
そしてあなたの医者《いしゃ》としての知識《ちしき》を世《よ》のため人《ひと》のために使《つか》うのです
この女性《じょせい》「人々《ひとびと》を救済《きゅうさい》する」という実行力《じっこうりょく》はすごいんだが…金銭的《きんせんてき》なことは、全《まった》く度外視《どがいし》…危《あぶ》なっかしくて見《み》ていられないな
たつさん、まずは借金《しゃっきん》を返《かえ》し生活《せいかつ》を安定《あんてい》させて修行《しゅぎょう》に励《はげ》もうじゃないですか

どこか開業《かいぎょう》できる所《ところ》はないか、友人《ゆうじん》に手紙《てがみ》を書《か》きました
そしたら藤岡《ふじおか》にあるというのですたつさん！行《い》ってみませんか？
二転《にてん》、三転《さんてん》したものの最終的《さいしゅうてき》に白川村《しらかわむら》で開業《かいぎょう》の運《はこ》びとなった
たつは村上《むらかみ》の助手《じょしゅ》をつとめかいがいしく働《はたら》いた
病気《びょうき》になると心《こころ》まで病《や》んでしまうものですまず心《こころ》を治《なお》しましょう
心《こころ》をよくすれば体《からだ》はひとりでによくなります人《ひと》を喜《よろこ》ばせ、人《ひと》のためになる行《おこな》いをして下《くだ》さいね
治療費《ちりょうひ》の払《はら》えない患者《かんじゃ》には白米《はくまい》や着物《きもの》をもって見舞《みま》った
もちろん二人《ふたり》は毎日《まいにち》の修行《しゅぎょう》はかかさなかった

みなさん どうされたんですか？
水《みず》が足《た》りないから 畑《はたけ》がひあがっちまって…
今《いま》まで畑《はたけ》には湧《わ》き水《みず》を使《つか》っとったんですがね ここんとこ、めっきり出《で》が悪《わる》くて…
水《みず》は慈悲心《じひしん》によって湧《わ》き出《で》るものです
あなたがたが心《こころ》をこめてお題目《だいもく》を唱《とな》え人《ひと》を喜《よろこ》ばせるよう考《かんが》えて毎日過《まいにちす》ごせばいいのです
そうすれば水《みず》は出《で》ますか？
もちろんです どんな時《とき》でも南無妙法蓮華経《なむみょうほうれんげきょう》と唱《とな》えて下《くだ》さいね
わかりました さっそくやってみます
ありがとうございました
どうしました？ 村上《むらかみ》さん…
はい… 実《じつ》は私《わたし》…
今《いま》まで水行《すいぎょう》も断食《だんじき》も行《おこな》ってきましたが 結局《けっきょく》、何《なに》も得《え》るものがないような気《き》がするのです 所詮《しょせん》、蛇《へび》や蛙《かえる》のまねごとにすぎないのではと…
…… ……
そうですか 実《じつ》は私《わたし》も心《こころ》のどこかにひっかかっているものがあります

今《いま》のままで本当《ほんとう》に法華経《ほけきょう》を広《ひろ》め、人々《ひとびと》を救《すく》っていけるのか…
いっそのこと仏門《ぶつもん》に入《はい》ったほうがいいのではないかと…
棺桶《かんおけ》に入《はい》って悟《さと》れ！
今《いま》、何《なに》か言《い》いました？
いいえ村上《むらかみ》さんこそ…
たしか棺桶《かんおけ》に入《はい》って悟《さと》れと…
諸仏善神《しょぶつぜんじん》の声《こえ》ですよ！
たつさん何《なに》してるんですか
棺桶《かんおけ》のかわりに押入《おしい》れに入《はい》ったら何《なに》かわかるかと…
で？
ぜんぜん…
棺桶《かんおけ》に入《はい》ってとは…
死《し》ぬ気《き》になって修行《しゅぎょう》しろということでは…
まだ私《わたし》たちの行《ぎょう》は至《いた》らないのかも知《し》れません

村《むら》の水不足《みずぶそく》は続《つづ》いていた
南無妙法《なむみょうほう》蓮華経南《れんげきょうな》無妙法《むみょうほう》…
つやさん！水《みず》もってきたげたヨ
すまんねェ
村人《むらびと》はたつのいうようにお題目《だいもく》を唱《とな》え、人《ひと》を喜《よろこ》ばせようと徳《とく》をつんだ
たつさん！水《みず》が湧《わ》き出《で》てきました！
ほら水車《すいしゃ》も回《まわ》り始《はじ》めました！
ザザ
ゴッ
ゴッ
ギッ
ゴトッ
村上《むらかみ》さん！私《わたし》、確信《かくしん》しましたよ！
水《みず》につからない水車《すいしゃ》は回《まわ》らない水《みず》がないと水車《すいしゃ》は役《やく》に立《た》たない
ザザッ
ギギ…
ゴゴ
でも水《みず》がありすぎては水車《すいしゃ》は沈《しず》んでしまって用《よう》をなさない！
水《みず》に半《なか》ばつかっていてこそ、水車《すいしゃ》は回《まわ》り、役《やく》に立《た》つのです

村上《むらかみ》さん！僧《そう》の道《みち》を選《えら》ぶより、今《いま》のまま半僧半俗《はんそうはんぞく》の立場《たちば》でいるほうが人々《ひとびと》の悩《なや》みを受《う》けとめてあげやすいじゃありませんか！
私《わたし》は人《ひと》を救《すく》いたい 沈《しず》まず浮《う》かず水車《すいしゃ》のようにいつも動《うご》いて役《やく》にたっていきますよ
そして今《いま》まで以上《いじょう》に堂々《どうどう》と法華経《ほけきょう》を説《と》いていきます
はい！私《わたし》もお手伝《てつだ》いさせていただきます
二人《ふたり》はさらに新《あたら》しい世界《せかい》で教《おし》えを説《と》き、人々《ひとびと》を救《すく》っていこうと、村人《むらびと》たちに惜《お》しまれながら村《むら》をあとにした
私《わたし》たちにとって法華経《ほけきょう》により人々《ひとびと》の心《こころ》を感化《かんか》し救済《きゅうさい》する新《あたら》しい旅立《たびだ》ちですね

日清戦争《にっしんせんそう》（明治二十七《めいじにじゅうしち》～二十八年《にじゅうはちねん》）
日露戦争《にちろせんそう》（明治三十七《めいじさんじゅうしち》～三十八年《さんじゅうはちねん》）
日本《にほん》に軍需景気《ぐんじゅけいき》をもたらしたが
好景気《こうけいき》を支《ささ》えていたのは
低賃金《ていちんぎん》の労働者《ろうどうしゃ》
貧富《ひんぷ》の差《さ》は激《はげ》しく
物価《ぶっか》は上昇《じょうしょう》し
街《まち》には物乞《ものご》いがあふれ
一家《いっか》を支《ささ》えるために
女《おんな》の子《こ》は売《う》られていった

ゴホゴホ
村上《むらかみ》さん！今《いま》すぐやらねばならないことができましたね
たつさん……
……
信天醫院
神社《じんじゃ》の横《よこ》にお医者《いしゃ》さんができたげな
わしら、医者《いしゃ》にかかれる身分《みぶん》じゃないし関係《かんけい》ねぇよ
あ！留《とめ》んとこへ入《はい》ってった

一日静《いちにちしず》かに休《やす》んでいれば大丈夫《だいじょうぶ》ですよ
お大事《だいじ》に
おい留《とめ》！いくら取《と》られた？
金《かね》？金取《かねと》るどころかガキに菓子《かし》くれて「お金《かね》はいりませんよ」だって…
……
かわった医者《いしゃ》だな
病気《びょうき》の基《もと》は過去《かこ》の因縁《いんねん》ですその原因《げんいん》を知《し》らずに薬《くすり》を飲《の》んでも病気《びょうき》は治《なお》りません
信天醫
すべては因《いん》と果《か》なのですから
わしは医者《いしゃ》に診《み》てもらいにきたんだ何言《なにい》ってるんだ
わしの病気《びょうき》はその因果《いんが》だって言《い》うのか！そんな話《はなし》を聞《き》きにきたんじゃないぞ！

ちょっと待《ま》って下《くだ》さい世間《せけん》の人々《ひとびと》は因果《いんが》と聞《き》くとどうにもならないこととあきらめますがあきらめる必要《ひつよう》はありません
悪《わる》い種《たね》をまけば悪果《あっか》が生《しょう》じますが善《よ》い種《たね》をまけば善果《ぜんか》が生《しょう》じ幸《さいわ》いがくるのです今《いま》からでも遅《おそ》くありませんよ
じゃあわしの病気《びょうき》も治《なお》るのかね
はい！
で、その善《よ》い種《たね》まきって何《なに》をしたら…
心《こころ》を広《ひろ》く持《も》ち人《ひと》の言《い》うことは何《なん》でも善《よ》い方《ほう》へと解釈《かいしゃく》して、無理《むり》を言《い》う者《もの》は子《こ》どもだと思《おも》って堪忍《かんにん》するのです
飢《う》えている人《ひと》には食《た》べ物《もの》を与《あた》えたり人《ひと》の喜《よろこ》ぶような施《ほどこ》しをするのです

そして道《みち》を歩《ある》く時《とき》も 寝《ね》ている時《とき》も 南無妙法蓮華経《なむみょうほうれんげきょう》 南無妙法蓮華経《なむみょうほうれんげきょう》と 唱《とな》えるのです
そうすれば どんな病気《びょうき》でも 治《なお》ります それが妙法《みょうほう》と いうものです
天醫院
南無妙法《なむみょうほう》蓮華経《れんげきょう》…
善《よ》い種《たね》まきと 堪忍《かんにん》か… ウム ウム
今《いま》は安心《あんしん》して 養生《ようじょう》して下《くだ》さい 治療費《ちりょうひ》は元気《げんき》に なってから払《はら》って 下《くだ》されば いいんですよ
お大事《だいじ》に…
ありがとう ございました こんな物《もの》まで いただいて…
えっ 女先生《おんなせんせい》 いない？ じゃ また 来《き》ます
診察《しんさつ》しなくても いいのですか？
それより 女先生《おんなせんせい》の話《はなし》の ほうがよく 効《き》くよ！
ここはもう 病人《びょうにん》だけの ものでなくなって きたな…
たつさん… あなたの布教《ふきょう》も 浸透《しんとう》して きましたぞ

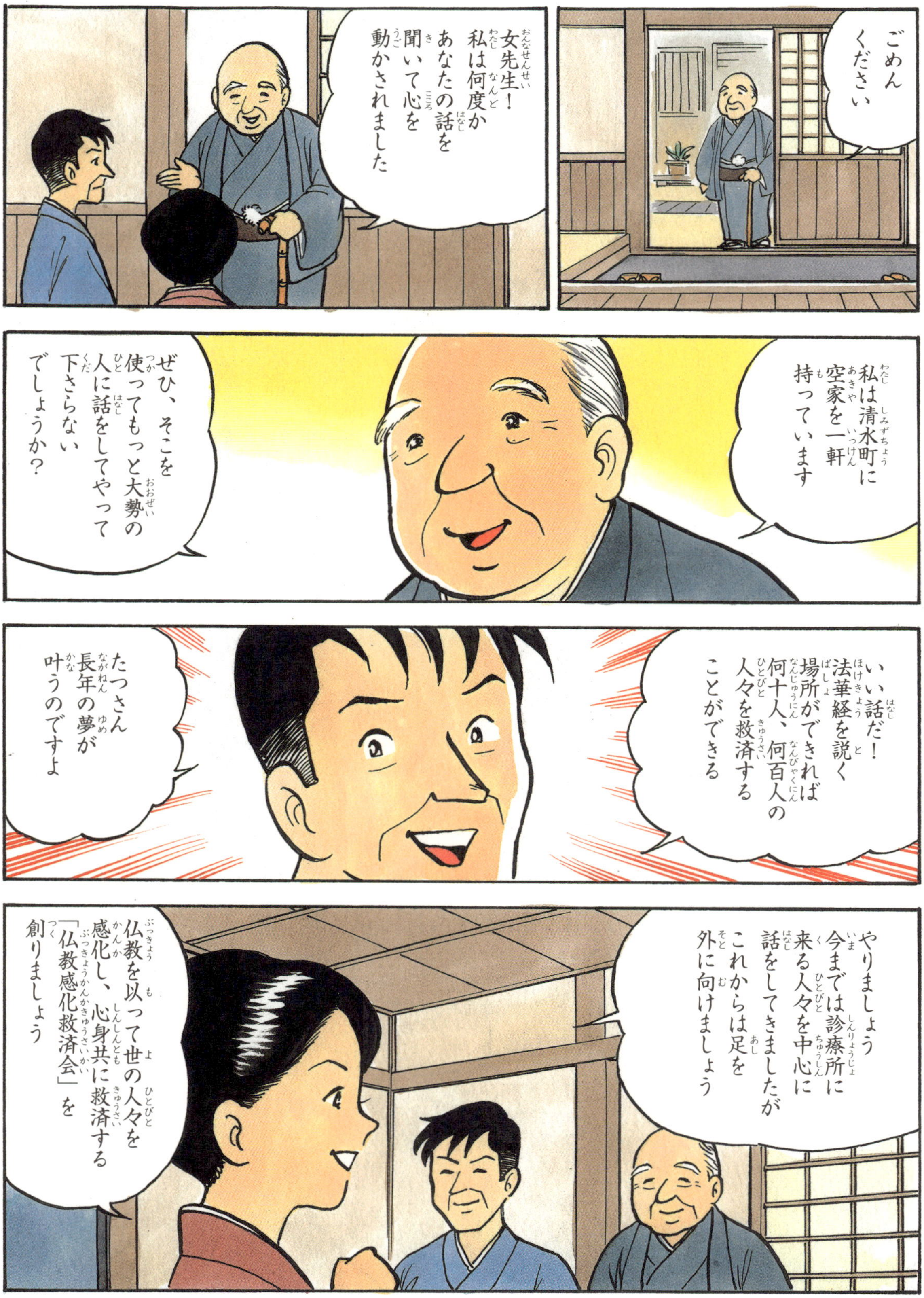
ごめん くださいい
女先生《おんなせんせい》！ 私《わたし》は何度《なんど》か あなたの話《はなし》を 聞《き》いて心《こころ》を 動《うご》かされました
私《わたし》は清水町《しみずちょう》に 空家《あきや》を一軒《いっけん》 持《も》っています
ぜひ、そこを 使《つか》ってもっと大勢《おおぜい》の 人《ひと》に話《はなし》をしてやって 下《くだ》さらない でしょうか？
いい話《はなし》だ！ 法華経《ほけきょう》を説《と》く 場所《ばしょ》ができれば 何十人《なんじゅうにん》、何百人《なんびゃくにん》の 人々《ひとびと》を救済《きゅうさい》する ことができる
たつさん 長年《ながねん》の夢《ゆめ》が 叶《かな》うのですよ
やりましょう 今《いま》までは診療所《しんりょうじょ》に 来《く》る人々《ひとびと》を中心《ちゅうしん》に 話《はなし》をしてきましたが これからは足《あし》を 外《そと》に向《む》けましょう
仏教《ぶっきょう》を以《も》って世《よ》の人々《ひとびと》を 感化《かんか》し、心身共《しんしんとも》に救済《きゅうさい》する 「仏教感化救済会《ぶっきょうかんかきゅうさいかい》」を 創《つく》りましょう

清水町《しみずちょう》のたつのもとに話《はなし》を聞《き》きに来《く》る人《ひと》が日《ひ》に日《ひ》に増《ふ》えていった
みなさん、どなたも出世《しゅっせ》したいと思《おも》っておられるでしょう
大勢《おおぜい》の人《ひと》から愛《あい》され、立派《りっぱ》な家《いえ》に住《す》み資産《しさん》も富《と》み
男子《だんし》ならば美人《びじん》の良妻《りょうさい》をめとり、賢《かしこ》き子《こ》どもを得《え》てすべてに満足《まんぞく》し
八十歳《はちじゅっさい》、百歳《ひゃくさい》までも長生《ながい》きし死《し》しては金色《こんじき》に輝《かがや》く無上道《むじょうどう》に行《い》けたなら本当《ほんとう》に幸福《こうふく》なことです誰《だれ》もが願《ねが》う極楽《ごくらく》です
この極楽《ごくらく》に行《い》くには行《い》く道《みち》がなくてはなりません
その道中《どうちゅう》には橋《はし》も要《い》り舟《ふね》も要《い》りますそれを用意《ようい》するのが何《なに》より大切《たいせつ》です
先生《せんせい》！それはどうしたら用意《ようい》できるんですか
それは生《い》きている今《いま》のうちに用意《ようい》しておかねばなりません
お題目《だいもく》を唱《とな》え慈悲《じひ》・至誠《まこと》・堪忍《かんにん》を実行《じっこう》していけば誰《だれ》もが宝《たから》の山《やま》極楽《ごくらく》に行《い》くことができるのです

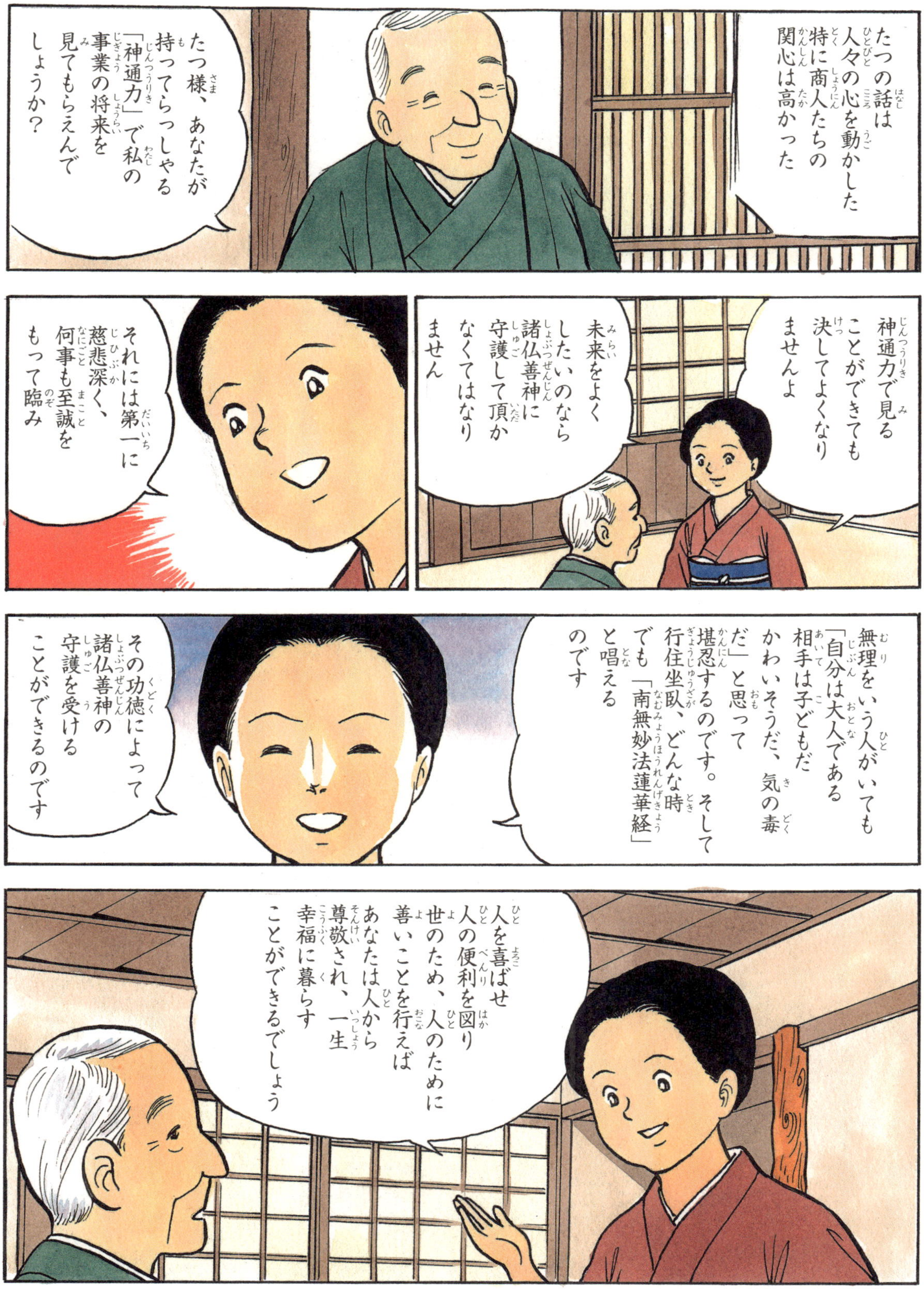
たつの話《はなし》は人々《ひとびと》の心《こころ》を動《うご》かした特《とく》に商人《しょうにん》たちの関心《かんしん》は高《たか》かった
たつ様《さま》、あなたが持《も》ってらっしゃる「神通力《じんつうりき》」で私《わたし》の事業《じぎょう》の将来《しょうらい》を見《み》てもらえんでしょうか？
神通力《じんつうりき》で見《み》ることができても決《けっ》してよくなりませんよ
未来《みらい》をよくしたいのなら諸仏善神《しょぶつぜんじん》に守護《しゅご》して頂《いただ》かなくてはなりません
それには第一《だいいち》に慈悲深《じひぶか》く、何事《なにごと》も至誠《まこと》をもって臨《のぞ》み
無理《むり》をいう人《ひと》がいても「自分《じぶん》は大人《おとな》である相手《あいて》は子《こ》どもだかわいそうだ、気《き》の毒《どく》だ」と思《おも》って堪忍《かんにん》するのです。そして行住坐臥《ぎょうじゅうざが》、どんな時《とき》でも「南無妙法蓮華経《なむみょうほうれんげきょう》」と唱《とな》えるのです
その功徳《くどく》によって諸仏善神《しょぶつぜんじん》の守護《しゅご》を受《う》けることができるのです
人《ひと》を喜《よろこ》ばせ人《ひと》の便利《べんり》を図《はか》り世《よ》のため、人《ひと》のために善《よ》いことを行《おこな》えばあなたは人《ひと》から尊敬《そんけい》され、一生《いっしょう》幸福《こうふく》に暮《く》らすことができるでしょう

できる限《かぎ》り多《おお》くの人《ひと》に話《はなし》をし、その中《なか》から一人《ひとり》でも二人《ふたり》でも真《しん》の信仰者《しんこうしゃ》が育《そだ》ってくれれば…と心《こころ》をくだく日々《ひび》が続《つづ》いた
早題目《はやだいもく》って何《なん》だ？
とにかく、いっぱいお題目《だいもく》とやらを唱《とな》えるらしいそして、お題目《だいもく》を貯金《ちょきん》のようにため込《こ》むんだそうだ
お題目《だいもく》ってそんなに力《ちから》があるのかい？
そうらしいぜとにかく行《い》ってみようや
村上《むらかみ》さん仏教感化救済会《ぶっきょうかんかきゅうさいかい》はいよいよ軌道《きどう》にのってきました
強《つよ》い信仰心《しんこうしん》をもった信者《しんじゃ》がどんどん輪《わ》を広《ひろ》げていきます
私《わたし》の目指《めざ》す、すべての人々《ひとびと》の救済《きゅうさい》に向《む》けて行動《こうどう》を起《お》こす時《とき》が来《き》ました
これからこそあなたの力《ちから》が必要《ひつよう》です協力《きょうりょく》していただけますね
もちろんです

第《だい》三《さん》章《しょう》　布《ふ》教《きょう》と救《きゅう》済《さい》

かねがね言《い》っていた
たつの予言《よげん》
「ヨーロッパに戦争《せんそう》が
起《お》き、それが全世界《ぜんせかい》に
広《ひろ》がる」が的中《てきちゅう》した
大正三年七月《たいしょうさんねんしちがつ》
オーストリア、ドイツに
対《たい》してロシアが宣戦布告《せんせんふこく》
さらにフランス、イギリスを
まきこんでヨーロッパ中《じゅう》に
戦争《せんそう》は広《ひろ》がった
第一次世界大戦《だいいちじせかいたいせん》である
同年八月《どうねんはちがつ》、日本《にほん》も参戦《さんせん》
軍部《ぐんぶ》が発言力《はつげんりょく》を強《つよ》め
貧富《ひんぷ》の差《さ》は激《はげ》しくなり
人々《ひとびと》は耐乏《たいぼう》の日々《ひび》を送《おく》った
たつはそんな社会《しゃかい》に
危惧《きぐ》を抱《いだ》きながら
ますます正《ただ》しい信仰《しんこう》の
重要性《じゅうようせい》を感《かん》じていた
大正四年《たいしょうよねん》
少《すこ》しでも多《おお》くの人《ひと》が
集《あつ》まれるようにと
清水町《しみずちょう》から葵町《あおいちょう》に移《うつ》り
本部《ほんぶ》とした
そして毎月七日《まいつきなのか》、十七日《じゅうしちにち》
二十七日《にじゅうしちにち》を定例《ていれい》の
講話日《こうわび》と定《さだ》めた
この頃《ころ》社会《しゃかい》が
問題《もんだい》としていたのは
「ライ病患者《びょうかんじゃ》」の
処遇《しょぐう》であった

「ライ」…
この時代《じだい》に「ライ病《びょう》」と
宣告《せんこく》されると、病《やまい》の
苦《くる》しさだけでなく
世《よ》の中《なか》のあらゆる
蔑《さげす》みにも耐《た》えなければ
ならなかった
ライ病患者《びょうかんじゃ》が身内《みうち》に
いると世間《せけん》に知《し》れれば
家族《かぞく》、親族《しんぞく》までが社会《しゃかい》から
排斥《はいせき》される時代《じだい》であった
愛《あい》する家族《かぞく》を不幸《ふこう》な
目《め》にあわせたくなければ
ひたすら病気《びょうき》をかくし
放浪者《ほうろうしゃ》となり、物乞《ものご》いの
群《む》れにまぎれこんで身《み》を
隠《かく》すしかなかった
中《なか》には自分《じぶん》の位牌《いはい》を
家族《かぞく》に送《おく》り、自《みずか》らを
「抹殺《まっさつ》」する人《ひと》もいた
たつは不自由《ふじゆう》な手足《てあし》を
ひきずって路傍《ろぼう》を徘徊《はいかい》し
社寺《しゃじ》の境内《けいだい》にたむろして物乞《ものご》い
する人々《ひとびと》を見《み》るたびに…
こういう人《ひと》を
こそ救《すく》わ
なくては…
そんな時《とき》、東京《とうきょう》の
ライ病治療専門《びょうちりょうせんもん》の
東洋病院《とうようびょういん》から
援助《えんじょ》を求《もと》められた
たつは
村上《むらかみ》と姉《あね》の娘《むすめ》
・みつを連《つ》れ
東洋病院《とうようびょういん》へ向《む》かった

なんだ!? お前《まえ》たち
ここは東洋病院《とうようびょういん》ですね
だったらなんだ!!
名古屋《なごや》の仏教感化救済会《ぶっきょうかんかきゅうさいかい》の者《もの》です。何《なに》かお手伝《てつだ》いさせてもらえますか
ここがどんな所《ところ》か、わかってるんだろうね
あんたたちも物好《ものず》きだねェ まあいつまでもつか知《し》らんが…
ウッ
いけません 私《わたし》たちは患者《かんじゃ》さんのお世話《せわ》に来《き》たのです 蔑《さげす》む態度《たいど》をとってはいけません

たつは患者《かんじゃ》の包帯《ほうたい》をとりかえ「体《からだ》がいたい」と苦《くる》しむ患者《かんじゃ》がいれば背中《せなか》をさすった
みつは黙々《もくもく》と炊事《すいじ》をし膿《うみ》のしみこんだ包帯《ほうたい》や下着《したぎ》などの洗濯《せんたく》にあけくれた
村上《むらかみ》は少《すこ》しでも効《き》く薬《くすり》をと寝食《しんしょく》を忘《わす》れて研究《けんきゅう》に没頭《ぼっとう》した
三人《さんにん》の献身的《けんしんてき》な世話《せわ》は患者《かんじゃ》の心《こころ》を開《ひら》き
職員《しょくいん》も感謝《かんしゃ》するようになった

※さあ夕飯《ゆうはん》のまわしをしましょうか
…………
どうしたのです？
もうお米《こめ》もお味噌《みそ》もありません
あんなにたくさん持《も》って来《き》たのにもうないの？
もうとうに底《そこ》をつきました三度《さんど》も電報《でんぽう》をうちお米《こめ》やお味噌《みそ》を救済会《きゅうさいかい》から送《おく》ってもらっていたのですが「金《かね》は全部《ぜんぶ》かき集《あつ》めて送《おく》りもう救済会《きゅうさいかい》には何《なに》も残《のこ》ってない」ときのう手紙《てがみ》が届《とど》きました
たつは救済会本部《きゅうさいかいほんぶ》にもどり、資産家《しさんか》の信者《しんじゃ》たちに東洋病院《とうようびょういん》の窮状《きゅうじょう》を話《はな》し、資金《しきん》の救援《きゅうえん》を求《もと》めた
タタタッ
どうかお願《ねが》いします
わしらは杉山《すぎやま》さんを尊敬《そんけい》しとりますしかし返《かえ》すあてのないお金《かね》はやたらとは貸《か》せませんわしらとて汗水《あせみず》たらしてためたお金《かね》です
こうして東洋病院《とうようびょういん》は一年《いちねん》たらずで去《さ》ることになった
……
皆《みな》さん！私《わたし》はこれで救《きゅう》ライ活動《かつどう》を断念《だんねん》したわけではありませんこれからは、私独自《わたしどくじ》のやり方《かた》で患者《かんじゃ》さんを救済《きゅうさい》していきます

※編集部注：″まわし″＝″準備″

その後《ご》目黒《めぐろ》、多摩《たま》九州《きゅうしゅう》、御殿場《ごてんば》とライ病療養所《びょうりょうようじょ》の慰問《いもん》に訪《おとず》れた
病気《びょうき》を治《なお》すには医者《いしゃ》や薬《くすり》も大切《たいせつ》ですがそれよりまず心《こころ》の病《やまい》を癒《いや》し病《やまい》の基《もと》を取《と》り除《のぞ》くことが第一《だいいち》と考《かんが》えます法華経《ほけきょう》を信《しん》じ、実行《じっこう》し「治《なお》る」という希望《きぼう》を持《も》って下《くだ》さい
私《わたし》もその法華経《ほけきょう》で治《なお》りますか？
世《よ》の中《なか》はすべて因果《いんが》の二法《にほう》ですどんな物事《ものごと》も原因《げんいん》あっての結果《けっか》です
じゃ、私《わたし》が病気《びょうき》になったのは、過去《かこ》に悪事《あくじ》を犯《おか》した報《むく》いなんですか
すべてのことが因縁《いんねん》によって成《な》り立《た》っているのです病気《びょうき》だけではありません
だからこそ現在《げんざい》の結果《けっか》を悲《かな》しんでいないで、未来《みらい》に善《よ》い結果《けっか》を得《え》るために善《よ》い因縁《いんねん》を積《つ》み重《かさ》ねていくのです
今日《きょう》の修行《しゅぎょう》は明日《あす》からの幸《しあわ》せにつながります

今《いま》、自分《じぶん》の持《も》つ悪因《あくいん》以上《いじょう》の善因《ぜんいん》ができれば、たとえ不治《ふち》の病《やまい》といえどその状態《じょうたい》を変《か》えることができます
どうか私《わたし》の言《い》うことを信《しん》じてお題目《だいもく》を唱《とな》えて下《くだ》さい寝《ね》ていても起《お》きていてもお唱《とな》えして下《くだ》さい
その日《ひ》からお題目《だいもく》を唱《とな》える人《ひと》がしだいに増《ふ》えていった
南無妙《なむみょう》法蓮華《ほうれんげ》経南《きょうな》…
ナムミョウホウレン…
私《わたし》は夕《ゆう》べ百回《ひゃっかい》、唱《とな》えましたよ
オレは百二十回《ひゃくにじゅっかい》だ
たつさん！わしはみんなのように起《お》き上《あ》がって手《て》を合《あ》わせられんが徳《とく》を積《つ》むことはできますか？
ええ、できますとも自分《じぶん》のできる範囲《はんい》でいいんですとなりの方《かた》にやさしく声《こえ》をかけるだけでも功徳《くどく》は積《つ》めるんですよ
南無妙法蓮《なむみょうほうれん》華経南無妙《げきょうなむみょう》法蓮華経南《ほうれんげきょうな》無妙《むみょう》…
南無妙《なむみょう》法蓮華《ほうれんげ》経南無妙《きょうなむみょう》法蓮《ほうれん》…
ナムミョウホウレンゲキョウナムミョウ…
南無妙《なむみょう》法蓮華経《ほうれんげきょう》南無《なむ》…
ナムミョウホウレンゲキョウ…
胸《むね》のつかえがとれて、心《こころ》が軽《かる》くなった!!
なんだか安《やす》らかな気分《きぶん》になれた気《き》がするわ…

葵町《あおいちょう》の本部《ほんぶ》にもワラにもすがる思《おも》いでたずねる患者《かんじゃ》がいた
佛教感化救濟會本部
ねえ、ちょっと今入《いまはい》っていった人《ひと》ライ病《びょう》じゃない？
ええそうですよ
ええそうってよくも、まあ涼《すず》しい顔《かお》で…
ここに住《す》む人《ひと》はライ病《びょう》であろうが肺病《はいびょう》であろうが同《おな》じように生活《せいかつ》し同《おな》じ食器《しょっき》で食事《しょくじ》をし同《おな》じ風呂《ふろ》に入《はい》りますそれがなにか？
どんな病気《びょうき》も嫌《きら》ってはいけませんライ病《びょう》も肺病《はいびょう》もうつる病気《びょうき》ではありません
結核《けっかく》で一族《いちぞく》が死《し》に絶《た》えたからといって感染《かんせん》したからではありません同《おな》じ因縁《いんねん》を持《も》った者《もの》が寄《よ》り集《あつ》まったにすぎません
この言葉《ことば》は患者《かんじゃ》の心《こころ》を素直《すなお》に開《ひら》かせた
彼《かれ》らはたつの言葉《ことば》を信《しん》じ、お題目《だいもく》を唱《とな》え必死《ひっし》の思《おも》いで功徳《くどく》を積《つ》んだ
南無妙法蓮《なむみょうほうれん》華経南無妙《げきょうなむみょう》法蓮《ほうれん》…
南無妙《なむみょう》法蓮華経南無《ほうれんげきょうなむ》妙法蓮華経南《みょうほうれんげきょうな》無妙《むみょう》…
ナムミョウホウレンゲキョウナム…
半年《はんとし》を過《す》ぎると顔《かお》や手足《てあし》のはれのひいた人《ひと》もいた

大正五年《たいしょうごねん》小《ちい》さな借家《しゃくや》だが東京支部《とうきょうしぶ》が誕生《たんじょう》した
佛教感化救
私《わたし》たちは東洋病院《とうようびょういん》に一年近《いちねんちか》くいて、東京《とうきょう》にも救済会《きゅうさいかい》の拠点《きょてん》の必要性《ひつようせい》を感《かん》じました
国《くに》をリードする立場《たちば》の各界名士《かくかいめいし》たちが三徳《さんとく》を実行《じっこう》し、また部下《ぶか》たちにも伝《つた》えていくならば、三徳《さんとく》は日本中《にほんじゅう》に広《ひろ》がっていくと思《おも》うんです
そうですね 国《くに》のリーダーたる人《ひと》を「教化《きょうけ》」すればここは人《ひと》の多《おお》い東京《とうきょう》効果《こうか》は大《おお》きいはずです
ある日《ひ》、二十歳代《にじゅっさいだい》の夫婦《ふうふ》がたつをたずねてきた
杉山様《すぎやまさま》！どうか助《たす》けて下《くだ》さい
家内《かない》は「子宮外妊娠《しきゅうがいにんしん》だからこのまま放《ほう》っておいたら母子《ぼし》ともに命《いのち》が危《あぶ》ない至急手術《しきゅうしゅじゅつ》をして胎児《たいじ》を取《と》り出《だ》し、母親《ははおや》の命《いのち》だけでも救《すく》わねば」と言《い》われました
私《わたし》にはどうしてやることもできませんなんとか…仏様《ほとけさま》におすがりできないでしょうか
たとえ異常妊娠《いじょうにんしん》であっても、法華経《ほけきょう》の功徳力《くどくりき》に依《よ》れば安産《あんざん》できるはずです

失礼《しつれい》しますよ
南無妙法蓮華経《なむみょうほうれんげきょう》 南無妙法蓮華経《なむみょうほうれんげきょう》 南無妙《なむみょう》…
おなかに子《こ》どもが宿《やど》った時《とき》、生《う》まれてくる子《こ》が幸《しあわ》せであるよう親《おや》なら誰《だれ》もが願《ねが》うものです
胎内教育《たいないきょういく》が大切《たいせつ》なのは、母親《ははおや》の胎内《たいない》で人《ひと》としての形《かたち》ばかりでなく感情《かんじょう》や心《こころ》もつくられるからです
特《とく》に胎内《たいない》では善《よ》くも悪《わる》くも親《おや》の影響《えいきょう》を強《つよ》く受《う》けます だからこそ妊娠中《にんしんちゅう》の親《おや》の心遣《こころづか》いが大切《たいせつ》なのです
難産《なんざん》で苦《くる》しんだり死産《しざん》だったりするのは、胎児《たいじ》の魂《たましい》が親《おや》と前世《ぜんせ》に仇敵《きゅうてき》であった場合《ばあい》が多《おお》いのです
さあ！ さっそく赤《あか》ちゃんに功徳《くどく》を回向《えこう》しましょう

いったい何《なに》を…
お釈迦様《おしゃかさま》は三《みっ》つのことを行《おこな》いなさいとおっしゃってみえます。一緒《いっしょ》に頑張《がんば》りましょう
若《わか》い夫婦《ふうふ》は東京《とうきょう》で仕事《しごと》を終《お》えたたつとともに名古屋《なごや》にもどり、早速《さっそく》実行《じっこう》に移《うつ》した
佛教感化救濟會本
第一《だいいち》は慈悲《じひ》の心《こころ》そのため貧《まず》しい人々《ひとびと》に白米二十俵《はくまいにじっぴょう》を配《くば》って回《まわ》った
第二《だいに》は妙法《みょうほう》に帰依《きえ》し堪忍《かんにん》を守《まも》ること
第三《だいさん》は多《おお》くの人《ひと》に法華経《ほけきょう》を読誦《どくじゅ》してもらえるようにと法華経八巻《ほけきょうはちかん》を百部《ひゃくぶ》、配布《はいふ》した
そして玉《たま》のような子《こ》が産《う》まれた
オギャアア！
名古屋新聞
神童《しんどう》か怪童《くわいどう》か
選ばれたる佛の使としての四人の童子
僅か五ツや六ツで透視をしたり予言をしたりする珍らしい名古屋の少年が四人、東京府下大崎町五反田二七四医師村上斎氏方へ出て行って神童、天才児、
生《う》まれた子《こ》は神童《しんどう》と言《い》われる子《こ》になった
胎児《たいじ》の魂《なましい》を成仏《じょうぶつ》させれば必《かなら》ず有徳《うとく》の魂《たましい》の子《こ》を得《え》ることができるのです

ある日《ひ》、若者《わかもの》を連《つ》れた夫婦《ふうふ》がたつを訪《たず》ねてきた
女先生《おんなせんせい》、この子《こ》は不良《ふりょう》でね家出《いえで》はするわ暴力《ぼうりょく》はふるうわ困《こま》っとります
厳《きび》しく説教《せっきょう》してやって下《くだ》さい！
あんな子《こ》養子《ようし》にもらうんじゃなかった！
家庭《かてい》に恵《めぐ》まれず思春期《ししゅんき》の感情《かんじょう》の起伏《きふく》もあり大人《おとな》たちの細《こま》かい干渉《かんしょう》もわずらわしくて暴《あば》れてしまったんだろう
あんたいくつ？
十六《じゅうろく》
あんたも十年《じゅうねん》もすれば人《ひと》の親《おや》になる…その時《とき》子《こ》どもがあんたに反抗《はんこう》したとしても怒《おこ》っちゃいけないよ
あんたがそうなる種《たね》をまいたんだから
オレもつらかったんだ悪《わる》いと思《おも》いながらもガミガミ怒鳴《どな》られるとつい…
わかってるよ起《お》きたことは仕方《しかた》ないけど二度《にど》と繰《く》り返《かえ》さないようにね
今日《きょう》からたくさん善《よ》い種《たね》まきをすればいいんだよ
人《ひと》が喜《よろこ》んでくれることをすすんでやってごらん！

今《いま》までのこと許《ゆる》してもらえるの？
ああいっぱいすればね
働《はたら》くことは好《す》きかい？
オレ働《はたら》くことは大好《だいす》きだよ
それじゃ臥竜山《がりゅうざん》で野良仕事《のらしごと》手伝《てつだ》ってもらおうか
あんたの家《いえ》にはおばさんから話《はな》しとくから
よーし善《よ》い種《たね》まきをいっぱいするぞー!!
たつの心《こころ》の中《なか》に貧民《ひんみん》、病人《びょうにん》の救済《きゅうさい》青少年《せいしょうねん》の感化《かんか》に加《くわ》えて家庭《かてい》に恵《めぐ》まれない子《こ》どもたちの養育《よういく》、保護《ほご》も大《おお》きくクローズアップされていった
一人《ひとり》ひとりの子《こ》どもが日本《にほん》の将来《しょうらい》にとって大切《たいせつ》な子《こ》どもである

たつも村上《むらかみ》も若者《わかもの》たちと一緒《いっしょ》に農作業《のうさぎょう》にはげんだ
どんな子《こ》にも慈悲深《じひぶか》く何事《なにごと》にも真心《まごころ》でのぞみ、堪忍《かんにん》の心《こころ》を強《つよ》くもっていい所《ところ》を伸《の》ばしていけば軌道《きどう》をはずれた若者《わかもの》たちも感化《かんか》できるに違《ちが》いない
あんたたちが収穫《しゅうかく》したこの米《こめ》は貧《まず》しい人《ひと》たちに届《とど》けられるんだきっと喜《よろこ》んでくれるよ!
白米《はくまい》を一升《いっしょう》ずつ袋《ふくろ》に詰《つ》め食《た》べるものがなくて苦《くる》しむ人《ひと》たちに施《ほどこ》して回《まわ》り
年《とし》の暮《くれ》には五十俵《ごじっぴょう》の餅《もち》をつき配《くば》って回《まわ》った
にいちゃんありがとよ!これで正月《しょうがつ》が迎《むか》えられるよ

あのお年寄《としよ》りの笑顔《えがお》みたら疲《つか》れなんかふっとんだよ
喜《よろこ》んでたもんなぁ
先生《せんせい》！残《のこ》った餅《もち》、少《すこ》しもらえないかな
家《いえ》に帰《かえ》って母《かあ》さんと父《とう》さんに食《た》べさせたいんだ
たくさんもっていってあげなさい
やったぁ！
南《な》無《む》妙《みょう》法《ほう》蓮《れん》華《げ》経《きょう》南《な》無《む》…
汝《なんじ》は五月頃《ごがつごろ》、盲目《もうもく》になるぞ——
いったいそれは何《なん》の因果《いんが》によるのですか？
汝《なんじ》が過去世《かこせ》において戦場《せんじょう》で弓《ゆみ》によって敵《てき》の目《め》を射《い》た因《いん》によるものだ
わかりましたそれでは今《いま》まで以上《いじょう》に功徳《くどく》を積《つ》み悪業《あくごう》を消滅《しょうめつ》するよう努力《どりょく》します

やがて何《なに》も見《み》えなく
なったたつであったが
以前《いぜん》と何《なに》も変《か》わる
ことなく、布教活動《ふきょうかつどう》は
続《つづ》けた
三明六神通《さんみょうろくじんつう》の
具《そなわ》ったたつである
逆《さか》に感性《かんせい》が一層《いっそう》
研《と》ぎすまされ
神通力《じんつうりき》が充実《じゅうじつ》
した時《とき》とも言《い》えた
そして首相《しゅしょう》の暗殺《あんさつ》
シベリアにおける
日本人虐殺《にほんじんぎゃくさつ》
悪性《あくせい》の風邪《かぜ》の
大流行《だいりゅうこう》を予見《よけん》した
未然《みぜん》に災難《さいなん》を
知《し》ってこそ防《ふせ》ぐ
こともできる
予言《よげん》をするからには
国民《こくみん》を災難《さいなん》から
救《すく》わなければならない
以前《いぜん》にも増《ま》して
昼夜奔走《ちゅうやほんそう》する
たつであった

そして一年後《いちねんご》
長《なが》い間《あいだ》、私《わたし》の手《て》を引《ひ》いてくれてありがとう今日《きょう》からは一人《ひとり》で大丈夫《だいじょうぶ》！
会長《かいちょう》！目《め》は？
もうすっかり見《み》えるようになりましたよ
妙法《みょうほう》は偉大《いだい》ですね！功徳《くどく》を積《つ》んだおかげでしょう
そしてついに予言《よげん》が現実《げんじつ》のものとなった
大正九年一月《たいしょうくねんいちがつ》悪性《あくせい》の風邪《かぜ》が蔓延《まんえん》し多数《たすう》の死者《ししゃ》を出《だ》した三月《さんがつ》にはシベリア出兵《しゅっぺい》に伴《ともな》うニコラエフスク事件《じけん》が起《お》きた
大正十年十一月《たいしょうじゅうねんじゅういちがつ》には原敬首相《はらたかししゅしょう》の暗殺《あんさつ》が起《お》きた。それを予見《よけん》したたつを「暗殺計画《あんさつけいかく》にかかわりがある」と官憲《かんけん》が疑《うたが》い出《だ》した
原《はら》敬《たかし》首相《しゅしょう》暗殺《あんさつ》
未来《みらい》を予知《よち》するなど人間《にんげん》にできるわけない！まやかしだ！

その疑《うたが》いも薄《うす》れようとした頃《ころ》たつは一人《ひとり》あせっていた
この一《いち》、二年《にねん》のうちに関東地方《かんとうちほう》に大災害《だいさいがい》の起《お》こることが「天眼《てんがん》」に見《み》えたからだ
大地震《だいじしん》が起《お》こるのです そのために準備《じゅんび》をしておけばいいでしょう
学術的《がくじゅつてき》な裏付《うらづ》けもなしに地震《じしん》の準備《じゅんび》などできません われわれは忙《いそが》しいのだ
災害《さいがい》の予告《よこく》を記事《きじ》に!?
そりゃできません
なぜですか大勢《おおぜい》の人《ひと》が死《し》ぬんですよ人《ひと》の命《いのち》を救《すく》いたいだけです
人心《じんしん》を惑《まど》わす行為《こうい》は罰《ばっ》せられます できません!
救済会《きゅうさいかい》の信者《しんじゃ》は一丸《いちがん》となって災難防止《さいなんぼうし》のお札《ふだ》を家々《いえいえ》に貼《は》り、
ナムミョウホウレンゲキョウナ…
南無妙法《なむみょうほう》蓮華経南《れんげきょうな》無妙法《むみょうほう》…
唱題《しょうだい》し、予見《よけん》を説《と》いた しかし東京《とうきょう》はあまりにも広《ひろ》く耳《みみ》を傾《かたむ》ける人《ひと》は少《すく》なく、時間《じかん》ばかりが過《す》ぎていった

災難《さいなん》が起《お》こることを
知《し》りつつ、それを防《ふせ》ぐ
ことができないまま
名古屋《なごや》に帰《かえ》るのは
我《わ》が身《み》の不徳《ふとく》…
ゴト…
カタ…コト…
大正十二年《たいしょうじゅうにねん》
九月一日《くがつついたち》
震度六《しんどろく》の激震《げきしん》が
関東地方《かんとうちほう》を襲《おそ》った
ドォォォ!
キャァァ

東京《とうきょう》、神奈川《かながわ》は
ほぼ壊滅状態《かいめつじょうたい》…
中《なか》でも一番悲惨《いちばんひさん》だったのは
本所横網町《ほんじょよこあみちょう》の
陸軍被服廠跡《りくぐんひふくしょうあと》であった
逃《に》げまどった人々《ひとびと》の荷物《にもつ》に
火《ひ》がつき、三万八千人《さんまんはっせんにん》の人《ひと》が
蒸《む》し焼《や》きになるという
まさに地獄絵巻《じごくえまき》であった
仏教感化救済会《ぶっきょうかんかきゅうさいかい》は
たつの陣頭指揮《じんとうしき》のもと
ただちに救済活動《きゅうさいかつどう》を開始《かいし》！
佛教感化救
被服廠跡《ひふくしょうあと》に
救護本部《きゅうごほんぶ》を設《もう》け
救助活動《きゅうじょかつどう》を続《つづ》けた
史上空前《しじょうくうぜん》の大地震《だいじしん》の中《なか》で
芝区《しばく》、麻布区《あざぶく》などは
不思議《ふしぎ》なことに焼《や》け残《のこ》った
信者《しんじゃ》たちが災難除《さいなんよ》けの
お札《ふだ》を貼《は》った地区《ちく》であった
前《まえ》もって予見《よけん》しながら
大震災《だいしんさい》を未然《みぜん》に
防《ふせ》ぐことができなかった
……
この無念《むねん》さは
たつをさらに
布教活動《ふきょうかつどう》へと
駆《か》り立《た》てていった

第《だい》四《よん》章《しょう》　広《ひろ》がる輪《わ》

ある日《ひ》、鈴木芳蔵《すずきよしぞう》という男《おとこ》がたつのもとを訪《おとず》れた
家内《かない》は次《つぎ》から次《つぎ》へと病気《びょうき》になり、私《わたし》は余命三年《よめいさんねん》と医者《いしゃ》から言《い》われまるで病気《びょうき》の問屋《とんや》のような家《いえ》でして…
先日《せんじつ》、隣人《りんじん》から杉山先生《すぎやませんせい》のうわさを聞《き》き、是非《ぜひ》お話《はなし》を伺《うかが》いたくておじゃましました
あなたは法華経《ほけきょう》をよくご存知《ぞんじ》ですか？
はい…私《わたし》は法華経《ほけきょう》には格別《かくべつ》の興味《きょうみ》をもっており、経文《きょうもん》ならば長年親《ながねんした》しんで勉強《べんきょう》もしています暗誦《あんしょう》さえできます
あなたは堪忍《かんにん》をしてみえますか？
かんにん？かんにんと言《い》いますとあのならぬ堪忍《かんにん》するが堪忍《かんにん》の堪忍《かんにん》ですか？
え～たしか経文《きょうもん》には忍辱《にんにく》とあって
そうです。お釈迦様《しゃかさま》が六波羅蜜《ろくはらみつ》を説《と》かれていることはご存知《ぞんじ》ですね堪忍《かんにん》はその中《なか》のひとつですあなたは堪忍《かんにん》を実行《じっこう》していますか？
……
……
いくらお経《きょう》を暗誦《あんしょう》できても、それでは世界地図《せかいちず》を見《み》て「世界中《せかいじゅう》を知《し》っている」と言《い》うのといっしょです
世界地図《せかいちず》を知《し》っているだけで貿易《ぼうえき》ができるでしょうか？

あなたの家《いえ》は病気《びょうき》の問屋《とんや》だそうですね
病気《びょうき》は怒《いか》りによって作《つく》られることが多《おお》いのです
たしかに妻《つま》はよく怒《おこ》ります。病気《びょうき》を治《なお》すには怒《おこ》らぬようにと、家《いえ》に帰《かえ》って妻《つま》に話《はな》します
いいえ そうではありません 堪忍《かんにん》するのはあなたです お見受《みう》けしたところ相当《そうとう》のヤカマシ屋《や》のようですね
あなたがああせい！こうせい！と命令《めいれい》して奥《おく》さんは喜《よろこ》びますか？いい気持《きも》ちはしないでしょう。それではますます病気《びょうき》がひどくなるばかりです
あなたが優《やさ》しくしてあげれば奥《おく》さんは怒《おこ》らずにすむのです
堪忍《かんにん》は自分《じぶん》だけが歯《は》を食《く》いしばってがまんすることではありません 人《ひと》の心《こころ》をいたわり慰《なぐさ》めるものなのです
……
あなたは菩薩《ぼさつ》の魂《たましい》をもっておられますよ どうか六波羅蜜《ろくはらみつ》を実行《じっこう》し、自分《じぶん》を磨《みが》いて下《くだ》さい

なんという明快《めいかい》な筋《すじ》の通《とお》った言葉《ことば》なんだ
こんなすごい女性《ひと》は初《はじ》めてだ
今日《きょう》は自分《じぶん》の拙《つたな》さをいやというほど思《おも》い知《し》らされた…
私《わたし》は…己《おのれ》が恥《は》ずかしい…
今日《きょう》からこの人《ひと》の教《おし》えに従《したが》って人生《じんせい》を歩《あゆ》むことにしよう
つなさん！先日《せんじつ》、私《わたし》はすごい女性《じょせい》に出会《であ》いましたあなたも一度《いちど》会《あ》いに行《い》ってみなさい
この女性《じょせい》祖父江《そぶえ》つなは肺結核《はいけっかく》を患《わずら》い医者《いしゃ》からも家族《かぞく》からも見放《みはな》されワラにもすがる思《おも》いでたつのもとへ、やってきたのだった
祖父江《そぶえ》さん！よく来《き》て下《くだ》さいましたね私《わたし》はあなたが来《こ》られるのを待《ま》っていたのですよ
私《わたし》は医者《いしゃ》ではないし救済会《きゅうさいかい》は病院《びょういん》ではないからあなたの病気《びょうき》を治《なお》すことはできませんでも病気《びょうき》を治《なお》す方法《ほうほう》は教《おし》えてあげられます
あとはあなた次第《しだい》です自分《じぶん》の病気《びょうき》を治《なお》したいと思《おも》ったら、人《ひと》の苦《くる》しみを取《と》りのぞいてあげなければなりません

私《わたし》は医者《いしゃ》に見放《みはな》された人間《にんげん》なんだ死《し》んだ気《き》で働《はたら》こう
先生《せんせい》の言《い》われるとおり人様《ひとさま》の便利《べんり》を図《はか》り徳《とく》を積《つ》もう…
みんなお父《とう》さんやお母《かあ》さんの言《い》うことよーく聞《き》いてね
芳蔵《よしぞう》さんあなたの甥《おい》の修一郎《しゅういちろう》さんのことだけど…
つなさんあなたも気《き》づいてましたか
杉山会長《すぎやまかいちょう》に会《あ》わせてみたらどうかしら？
芳蔵《よしぞう》の兄《あに》の息子《むすこ》修一郎《しゅういちろう》は二十三歳《にじゅうさんさい》にしてパン製造事業《せいぞうじぎょう》は絶好調《ぜっこうちょう》！親孝行《おやこうこう》で他人《たにん》にも親切《しんせつ》行動力《こうどうりょく》にも富《と》んだ好青年《こうせいねん》である
しかし、最近《さいきん》ふと仕事《しごと》の手《て》を止《と》め、考《かんが》えこんだり今《いま》までになく投《な》げやりな所《ところ》があったりと両親《りょうしん》は心《こころ》を痛《いた》めていた

鈴木修一郎《すずきしゅういちろう》と申《もう》します
杉山《すぎやま》たつです
あなたは自分《じぶん》の正体《しょうたい》がわかっていますか
?!…
あなたのような立派《りっぱ》な魂《たましい》を持《も》った人《ひと》は、もっと他《ほか》にやらねばならぬ、あなたにしかできない大切《たいせつ》な仕事《しごと》がありますよ

私《わたし》がやらねばならない仕事《しごと》？
地獄《じごく》・餓鬼《がき》・畜生《ちくしょう》というおぞましい世界《せかい》に堕《お》ちていく生物《いきもの》が多《おお》い中《なか》で人間《にんげん》に生《う》まれてきたのは偶然《ぐうぜん》のことではないのです
人間《にんげん》として生《う》まれてきた以上《いじょう》、しなければならない使命《しめい》があります法華経《ほけきょう》を実行《じっこう》し、一人《ひとり》でも多《おお》くの人《ひと》を幸《しあわ》せにしてあげるのです
たった一度《いちど》の人生《じんせい》を今《いま》のまま過《す》ごしていていいのだろうか今《いま》のままでいいとは思《おも》わないが…いったいどうすればいいのだろう
あなたにしかできない仕事《しごと》があるのですよ
私《わたし》にしかできない仕事《しごと》！

お荷物《にもつ》お持《も》ちしましょう
この荷物《にもつ》はとても重《おも》いですよ
そうですかそんな夢《ゆめ》を…
私《わたし》の願《ねが》いが夢《ゆめ》となって届《とど》いたのでしょう
たいへん重《おも》い荷物《にもつ》ですが全力《ぜんりょく》を尽《つ》くして持《も》ってくれませんか
はい！

福岡市《ふくおかし》の「生《いき》の松原《まつばら》」にあるライ病療養所《びょうりょうようじょ》が仏教感化救済会《ぶっきょうかんかきゅうさいかい》に援助《えんじょ》を求《もと》めてきた
村上《むらかみ》さん、私《わたし》もこれまでいろいろライ病施設《びょうしせつ》を訪問《ほうもん》し救済会独自《きゅうさいかいどくじ》の施設《しせつ》が必要《ひつよう》だと考《かんが》えていました
この依頼《いらい》を機《き》に「生《いき》の松原《まつばら》」を本格的《ほんかくてき》な救済《きゅうさい》施設《しせつ》として支援《しえん》したいと思《おも》います
その療養所《りょうようじょ》の主任《しゅにん》に任《にん》ぜられたのはたつの姪《めい》のみつと結婚《けっこん》したばかりの修一郎《しゅういちろう》だった
患者《かんじゃ》の世話《せわ》は経験豊《けいけんゆた》かなみつが適任《てきにん》であった
「生《いき》の松原《まつばら》」…美《うつく》しい自然《しぜん》とは対照的《たいしょうてき》に、療養所《りょうようじょ》はひどい荒《あ》れようであった
まずは、破《やぶ》れた屋根《やね》や壁《かべ》の修理《しゅうり》から始《はじ》めなきゃならないな

どうにか雨露《あめつゆ》をしのげるようになりライ病患者《びょうかんじゃ》三十六人《さんじゅうろくにん》のお世話《せわ》が始《はじ》まった
風呂《ふろ》も食事《しょくじ》も一緒《いっしょ》にし生活《せいかつ》をともにする中《なか》で法華経《ほけきょう》、三徳《さんとく》の話《はなし》がなされていった
患者《かんじゃ》にとって法華経実行《ほけきょうじっこう》の話《はなし》は余《あま》りにも遠《とお》い道《みち》のりに思《おも》えたのだろう
病《やまい》がよくなる人《ひと》もあれば、途中《とちゅう》で堪忍《かんにん》を破《やぶ》って病《やまい》を悪化《あっか》させ、妙法《みょうほう》から遠《とお》のく人《ひと》もいた
患者《かんじゃ》のうち治療費《ちりょうひ》を支払《しはら》える人《ひと》はほとんどなく救済会《きゅうさいかい》の負担《ふたん》であった
本部《ほんぶ》から九州《きゅうしゅう》への送金《そうきん》は滞《とどこお》りがちでも患者《かんじゃ》たちの世話《せわ》はしなくてはならない
二人《ふたり》の身《み》の回《まわ》りのものは次々《つぎつぎ》と食費《しょくひ》に消《き》えた

修一郎《しゅういちろう》は療養所《りょうようじょ》の窮状《きゅうじょう》を人々《ひとびと》に訴《うった》え、寄付集《きふあつ》めに奔走《ほんそう》した
しかし経営《けいえい》は相変《あいか》わらず苦《くる》しいままだった
正月《しょうがつ》も近《ちか》いというのに全《まった》く金《かね》がない
質草《しちくさ》になるものさえない
みつは自殺《じさつ》まではかろうとしたが
修一郎《しゅういちろう》のやさしさに感謝《かんしゃ》し、また精一杯頑張《せいいっぱいがんば》る元気《げんき》がわくのだった
療養所《りょうようじょ》のまわりの土地《とち》を借《か》り、畑《はたけ》を耕《たがや》し自給自足《じきゅうじそく》の生活《せいかつ》をした
炎天下《えんてんか》、仏教感化救済会《ぶっきょうかんかきゅうさいかい》福岡支部《ふくおかしぶ》を建《た》てるための資材《しざい》を、自《みずか》ら大八車《だいはちぐるま》で運《はこ》び、

昭和五年四月《しょうわごねんしがつ》
福岡支部《ふくおかしぶ》が
完成《かんせい》した
同年十二月《どうねんじゅうにがつ》
資金難《しきんなん》のため
療養所《りょうようじょ》は身延《みのぶ》の
「深敬病院九州分院《じんきょうびょういんきゅうしゅうぶんいん》」
となって救済会《きゅうさいかい》から
離《はな》れた
救済会独自《きゅうさいかいどくじ》のライ病療養所経営《びょうりょうようじょけいえい》
というたつの夢《ゆめ》はついえたが
法華経広布《ほけきょうこうふ》の拠点《きょてん》として
福岡支部《ふくおかしぶ》の信者《しんじゃ》は
どんどん増《ふ》えていった

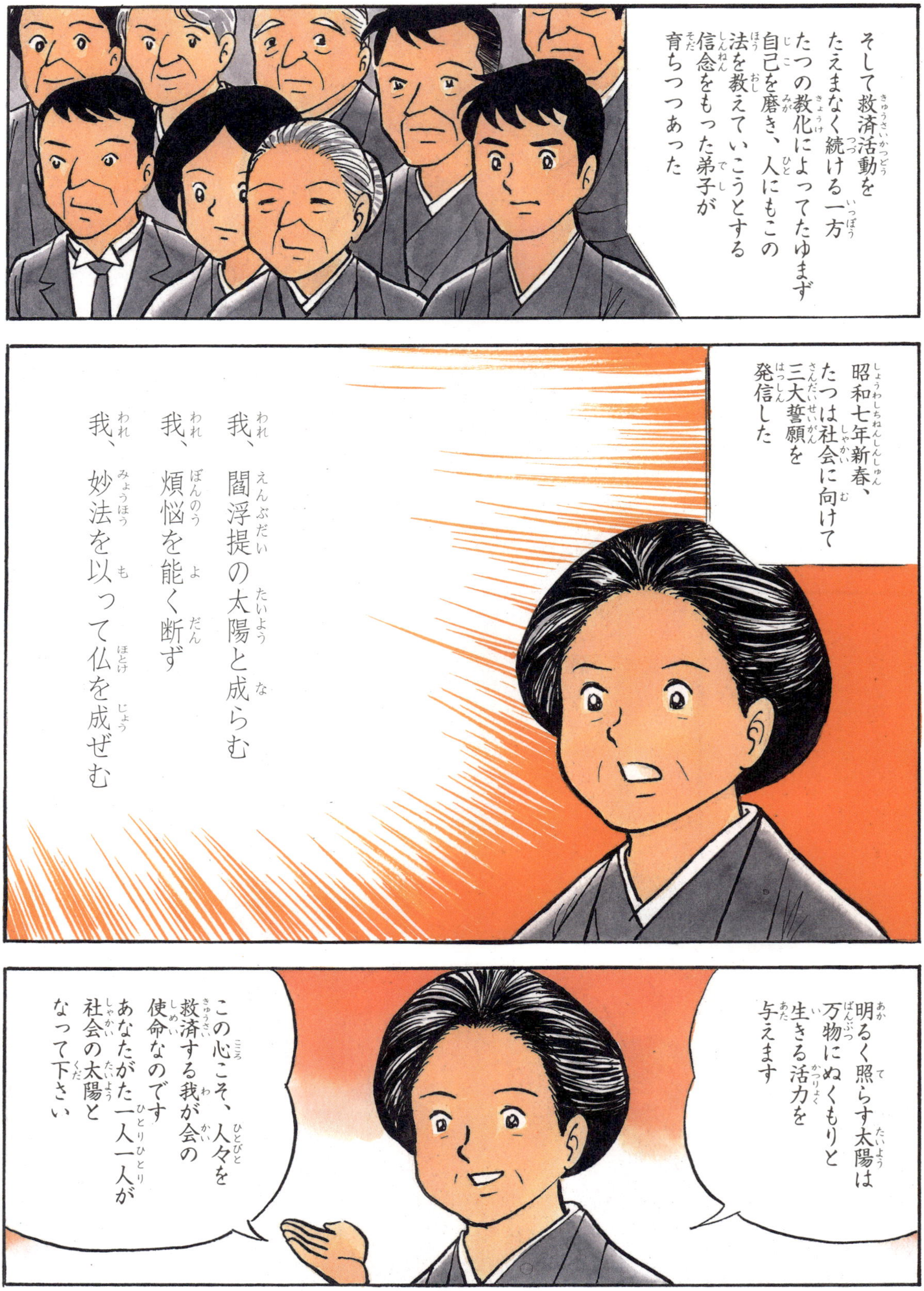
そして救済活動《きゅうさいかつどう》を
たえまなく続《つづ》ける一方《いっぽう》
たつの教化《きょうけ》によってたゆまず
自己《じこ》を磨《みが》き、人《ひと》にもこの
法《ほう》を教《おし》えていこうとする
信念《しんねん》をもった弟子《でし》が
育《そだ》ちつつあった
昭和七年新春《しょうわしちねんしんしゅん》、
たつは社会《しゃかい》に向《む》けて
三大誓願《さんだいせいがん》を
発信《はっしん》した
我《われ》、閻浮提《えんぶだい》の太陽《たいよう》と成《な》らむ
我《われ》、煩悩《ぼんのう》を能《よ》く断《だん》ず
我《われ》、妙法《みょうほう》を以《も》って仏《ほとけ》を成《じょう》ぜむ
明《あか》るく照《て》らす太陽《たいよう》は
万物《ばんぶつ》にぬくもりと
生《い》きる活力《かつりょく》を
与《あた》えます
この心《こころ》こそ、人々《ひとびと》を
救済《きゅうさい》する我《わ》が会《かい》の
使命《しめい》なのです
あなたがた一人一人《ひとりひとり》が
社会《しゃかい》の太陽《たいよう》と
なって下《くだ》さい

南無妙法蓮華経南無妙法蓮華経
南無妙法蓮華経
南無妙法蓮華経南無妙法蓮華経南無妙
無妙法蓮華経…… 南無妙法蓮
華経 南無妙法蓮華経 南無妙法蓮
南無妙法蓮華経 南無妙法蓮華経……
たつの法華経《ほけきょう》を根幹《こんかん》とした精神修養《せいしんしゅうよう》、日常生活《にちじょうせいかつ》における実践《じっせん》は花開《はなひら》き人々《ひとびと》の間《あいだ》に浸透《しんとう》していった
会長《かいちょう》、少《すこ》しお休《やす》みになられては…
いいえ、功徳《くどく》を積《つ》んでおかねとよいことはありません 明日《あす》もあると思《おも》っていては間違《まちが》いですよ 体《からだ》のエライくらい何《なん》でもありません

私《わたくし》どもの人生《じんせい》、一瞬先《いっしゅんさき》何《なに》が起《お》きるか誰《だれ》にもわかりません
人間《にんげん》の寿命《じゅみょう》はいつ終《お》わっても不思議《ふしぎ》はないのです
おいしい物《もの》を食《た》べやりたいことだけやり他人《たにん》を押《お》しのけてでもお金《かね》を儲《もう》けたい得《とく》をしたい…そんなことのためにこの世《よ》に生《う》まれてきたのではありません
人《ひと》に嫌《きら》われ、人《ひと》に迷惑《めいわく》をかけて死《し》んでいくのならばその人《ひと》は大《おお》きな罪《つみ》を背負《せお》ってあの世《よ》へ行《い》くのです
高《たか》い地位《ちい》があろうと財産《ざいさん》があろうと死《し》んで持《も》っていけるものは「功徳《くどく》」と「罪障《ざいしょう》」だけです背負《せお》いきれない「罪《つみ》」を持《も》ってあの世《よ》へ行《い》けますか？

みなさん、どうか明日《あす》死《し》んでも後悔《こうかい》しなくていいように「徳《とく》」を積《つ》んで下《くだ》さい
必《かなら》ず極楽《ごくらく》へ行《い》けます日々怠《ひびおこた》ることなく修養《しゅうよう》に励《はげ》んで下《くだ》さい

この会《かい》は大《おお》きく、大《おお》きく発展《はってん》します
お互《たが》いに助《たす》け合《あ》って栗《くり》の毬《いが》のように内輪《うちわ》から破《やぶ》らぬように…

昭和七年六月十七日《しょうわしちねんろくがつじゅうしちにち》演壇《えんだん》を降《お》りたたつは何《なん》となく容態《ようだい》が悪《わる》いように見《み》うけられた
五日後《いつかご》の六月二十二日《ろくがつにじゅうににち》病床《びょうしょう》についた
六月二十八日《ろくがつにじゅうはちにち》午後四時三十分《ごごよじさんじっぷん》村上斎《むらかみいつき》、鈴木修一郎《すずきしゅういちろう》はじめ、多《おお》くの信者《しんじゃ》に見守《みまも》られ、杉山辰子《すぎやまたつこ》は無上道《むじょうどう》へと旅立《たびだ》った
先生《せんせい》、あなたが丹精《たんせい》こめて育《そだ》ててこられたこの会《かい》を、私《わたし》たちは心《こころ》を合《あ》わせて盛《も》り立《た》てていきますよ
そして炉《ろ》が開《ひら》かれた
ああっ!!

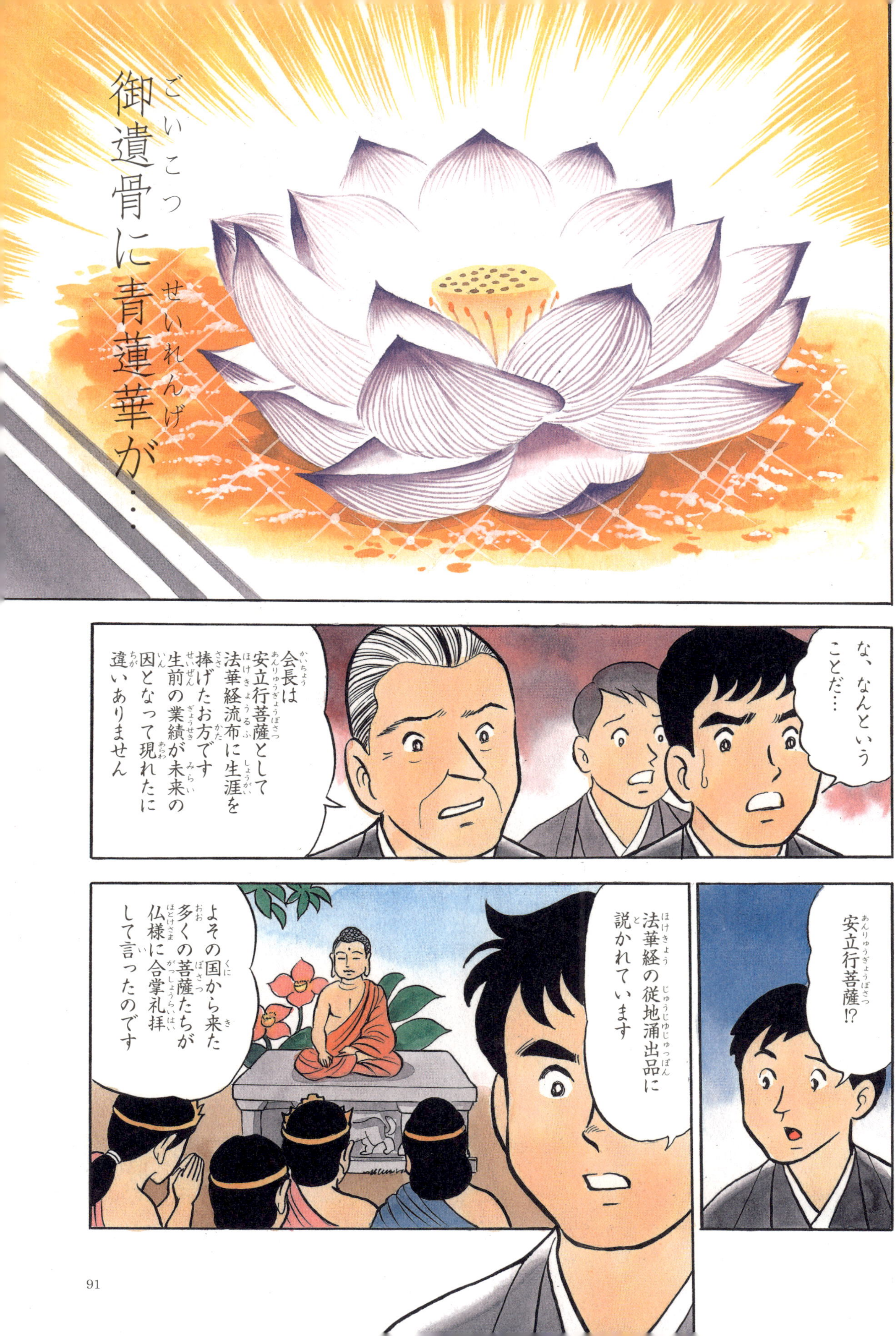
御遺骨《ごいこつ》に青蓮華《せいれんげ》が…
な、なんという ことだ…
会長《かいちょう》は 安立行菩薩《あんりゅうぎょうぼさつ》として 法華経流布《ほけきょうるふ》に生涯《しょうがい》を 捧《ささ》げたお方《かた》です 生前《せいぜん》の業績《ぎょうせき》が未来《みらい》の 因《いん》となって現《あらわ》れたに 違《ちが》いありません
安立行菩薩《あんりゅうぎょうぼさつ》!?
法華経《ほけきょう》の従地涌出品《じゅうじゆじゅっぽん》に 説《と》かれています
よその国《くに》から来《き》た 多《おお》くの菩薩《ぼさつ》たちが 仏様《ほとけさま》に合掌礼拝《がっしょうらいはい》して言《い》ったのです

仏様《ほとけさま》がお亡《な》くなりになった後《あと》、私《わたくし》どもがこの世界《せかい》にふみとどまり法華経《ほけきょう》の教《おし》えを広《ひろ》めることをお許《ゆる》し下《くだ》さい
せっかくの申《もう》し出《で》ではあるがそれはやめてもらいたい
この世界《せかい》にはすでにここに生《う》まれ、ここで苦《くる》しみを体験《たいけん》した菩薩《ぼさつ》たちが大勢《おおぜい》いるのだ
この菩薩《ぼさつ》たちこそ私《わたし》がいなくなったあと法華経《ほけきょう》を広《ひろ》めてくれるであろう
仏様《ほとけさま》がそうお説《と》きになられた時《とき》、世界中《せかいじゅう》の大地《だいち》が震《ふる》え裂《さ》けたのです
ゴゴゴ
その中《なか》から金色《こんじき》に輝《かがや》く大勢《おおぜい》の菩薩《ぼさつ》たちが現《あらわ》れました
地中《ちちゅう》から涌《わ》いて出《で》た菩薩《ぼさつ》はこの娑婆世界《しゃばせかい》に縁深《えんぶか》く、この世《よ》で苦労《くろう》し、この世《よ》で教《おし》えを学《まな》んだ人《ひと》なのです

この者《もの》たちが私《わたし》の滅後《めつご》、よくこの経《きょう》を受持《じゅじ》し、読誦《どくしょう》し、人々《ひとびと》のために説《と》いていくであろう
中《なか》でも特《とく》にすぐれた四大菩薩《しだいぼさつ》がおられた 上行《じょうぎょう》 無辺行《むへんぎょう》 浄行《じょうぎょう》 安立行《あんりゅうぎょう》と言《い》う
安立行菩薩《あんりゅうぎょうぼさつ》は「この地球上《ちきゅうじょう》に住《す》むすべての人《ひと》を救済《きゅうさい》することに力《ちから》を尽《つ》くす」という誓願《せいがん》をもって法華経《ほけきょう》を実行《じっこう》しているのです
まさに我《わ》が会長《かいちょう》の生涯《しょうがい》を顧《かえり》みると安立行菩薩《あんりゅうぎょうぼさつ》の再誕《さいたん》と言《い》って間違《まちが》いありません

一人一人《ひとりひとり》が自分《じぶん》よりまず
他人《たにん》を喜《よろこ》ばせてゆけば
善《よ》きことになります

皆《みな》さん、一人《ひとり》というと小《ちい》さい
ようですが、世界中《せかいじゅう》も
一人《ひとり》ずつの集《あつ》まりです
すべては一人《ひとり》から
始《はじ》まるのです

一人《ひとり》はすべてのために
すべては一人《ひとり》のために